U0452141

诺贝尔经济学奖得主著作译丛

改造传统农业

〔美〕西奥多·W.舒尔茨　著

梁小民　译

商务印书馆
SINCE 1897　The Commercial Press

Theodore W. Schultz
TRANSFORMING TRADITIONAL AGRICULTURE
Yale University Press, New Haven, 1964
© 1964 by Theodore W. Schultz
Originally published by Yale University Press
中文简体字本由耶鲁大学出版社授权出版

译者前言

农业问题是发展经济学的主要议题之一。农业能不能成为发展中国家经济增长的源泉,应该如何改造发展中国家的传统农业,一直是经济学家们争论和研究的中心问题。关于发展中国家农业问题的著作可谓汗牛充栋。然而,美国著名经济学家、1979年诺贝尔经济学奖获得者之一舒尔茨在1964年发表的《改造传统农业》一书却独树一帜,至今仍有深远的影响。

一

西奥多·威廉·舒尔茨于1902年出生于美国南达科他州阿灵顿郡的一个德国移民家庭,父亲是小农场主。他受教于威斯康星大学,毕业后先在衣阿华州立大学任教,40年代后转至芝加哥大学任教,一直到1972年退休。此外,舒尔茨还曾在美国政府农业部、商务部、联邦储备委员会、联合国粮农组织、世界银行等机构兼职。退休前为芝加哥大学名誉教授,现已去世。

舒尔茨早在20世纪30年代就从事农业经济问题的研究。当时,农业经济隶属于农学的范围。他反对这一传统,认为农业经济学应该是一般理论经济学的组成部分。他坚持按这一看法研究农业经济问题,为现代农业经济理论的形成奠定了基础。20世纪50年代末期后,他又致力于人力资本理论的研究,并被认为是这一领域的开拓者之一。60年代后,他把对农业经济问题与人力资本理论的研究结合起来,研究发展中国家的农业问题,从而对发展经济学作出了开创性的贡献。他的主要著作除本书外还有:《不稳定经济中的农业》(1945年)、《农业经济组织》(1953年)、《向人力资本投资》(1961年)、《经济增长与农业》(1968年)、《人力资本投资》(1971年)等。

由于他在经济学方面的这些贡献,特别是由于《改造传统农业》一书对发展经济学有着重大的理论和政策意义,他于1979年与另一名美国经济学家阿瑟·刘易斯共同分享了当年的诺贝尔经济学奖。

二

在20世纪50年代初,经济学家们提出了以工业为中心的发展战略,认为工业化是发展经济的中心,只有通过工业化才能实现经济"起飞"。他们普遍认为,农业是停滞的,农民是愚昧的;农业不能对经济发展作出贡献,充其量只能为工业发展提供劳动力、市场和资金。在这种理论的指导下,许多发展中国家致力于发展工业,而忽视了农业。有些国家甚至以损害农业来发展工业。到了50年代后期,这种工业化的发展战略就暴露出了问题。许多发展中国家按这一发展战略虽然实现了较高的工业增长率,但经济并没有真正得到发展,人民的生活没有得到多少改善,甚至连吃饭问题也没有解决。这样,一些有识之士就对工业化的发展战略提出了疑问,转而强调农业问题。《改造传统农业》正是在发展中国家农业问题方面的一本最重要的著作。

舒尔茨反对轻视农业的看法，他认为，"并不存在使任何一个国家的农业部门不能对经济增长作出重大贡献的基本原因"。欧洲、日本、墨西哥等国正是通过农业而实现了较快的经济发展。但是，他又强调，发展中国家的传统农业是不能对经济增长作出贡献的，只有现代化的农业才能对经济增长作出重大贡献。问题的关键是如何把传统农业改造为现代化的农业。所以，"如何把弱小的传统农业改造成为一个高生产率的经济部门是本书研究的中心问题"。在解决这一问题时，舒尔茨着重从以下三个方面进行了分析：1）传统农业的基本特征是什么？2）传统农业为什么不能成为经济增长的源泉？3）如何改造传统农业？全书对发展中国家农业问题的论述正是围绕这三个问题展开的。也正是在这些问题上，舒尔茨抨击了传统的观点，作出了开创性贡献。

三

如何认识传统农业的基本特征？这是改造传统农业的基本前提，也是长期以来存在着许多错误理论的领域。

过去，许多经济学家往往从一个社会的文化特征、制度结构或生产要素的技术特征来论述传统农业的性质。舒尔茨认为，传统农业是一个经济概念，所以不能根据其他非经济特征进行分析，而要从经济本身入手分析。他说："完全以农民世代使用的各种生产要素为基础的农业可以称之为传统农业"。从经济分析的角度来看，"传统农业应该被作为一种特殊类型的经济均衡状态"。这种均衡状态的特点就在于：1）技术状况长期内大致保持不变（即所使用的生产要素与技术长期未发生变动）；2）如果把生产要素作为收入的来源,那么,获得与持有这种生产要素的动机也是长期不变的,即人们没有增加传统使用的生产要素的动力;3)由于上述原因,传统生产要素的供给和需求也处于长期均衡的状态。从上述分析来看,舒尔茨所说的传统农业实际是一种生产方式长期没有发生变动,基本维持简单再生产的、长期停滞的小农经济。

为了对传统农业的特征作出进一步分析,舒尔茨驳斥了两种长期流行而且影响深远的观点:一种是认为传统农业中生产要素配置效率低下,另一种是有名的隐蔽失业理论。

持第一种观点的人认为:传统农业社会中的农民愚昧、落后,对经济刺激不能作出正常反应,经济行为缺乏理性,所以生产要素配置的效率必然低下。舒尔茨不同意这种看法。他根据社会学家对危地马拉的帕那加撒尔和印度的塞纳普尔这两个传统农业社会所作的详细调查的资料证明:"在传统农业中,生产要素配置效率低下的情况是比较少见的"。这就是说,传统农业中的农民并不愚昧,他们对市场价格的变动能作出迅速而正确的反应,经常为了多赚一个便士而斤斤计较。他们多年的努力,使现有的生产要素的配置达到了最优化,重新配置这些生产要素并不会使生产增长,外来的专家也找不出这里的生产要素配置有什么低效率之处。

隐蔽失业理论,又称"零值农业劳动学说",其基本观点是:传统农业中有一部分人的边际生产率是零,这就是说,尽管这些人在干活,实际上对生产毫无贡献。这种就业实际是隐蔽失业,把这些人从农业中抽走,并不会使农业生产减少。这种理论流传甚广,影响最大,著名的发展经济学家阿瑟·刘易斯和罗森斯坦-罗丹等人都是这种理论的倡导者。舒尔茨详细分析了这一理论的历史渊源与理论基础,并根据印度1918—1919年流行性感冒所引起的农业劳动力减少使农业生产下降的事实证明:在传统农业中,农业产量的增减与农业人口的增减之间有着极为密切的关系,农业劳动力的减少必然使农业产量下降。所以,"贫穷社会中部分农业劳动力的边际生产率为零的学说是一种错误的学说"。

四

既然传统农业中生产要素的配置是合理的,也不存在隐蔽失业问题,那么,传统农业为什么停滞、落后,不能成为经济增长的源泉呢?一般的看法是认为,传统农业中储蓄率和投资率低下,缺乏资本。而储蓄率和投资率低下的原因又是农民没有节约和储蓄的习惯,或者缺乏能抓住投资机会的企业家。舒尔茨认为,传统农业中的确存在储蓄率和投资率低下、资本缺乏的现象。但其根源并不是农民储蓄少或缺乏企业家,而在于传统农业中对原有生产要素增加投资的收益率低,对储蓄和投资缺乏足够的经济刺激。为了说明这一点,舒尔茨提出了收入流价格理论。

收入流价格理论实际上是用西方经济学中传统的均衡分析法来说明投资和经济增长之间的关系。它的基本观点是:"收入是一个流量概念,它由每单位时间既定数量的收入流所组成,例如,每年的收入流为一美元。因此,收入流数量的增加就等于经济增长"。要得到收入流,就必须得到收入流的来源,要增加收入流(即使经济增长)就要增加收入流的来源。收入是由生产要素生产出来的,所以收入流的来源就是生产要素。生产要素是有价值的,在这一意义上说,收入流是有价格的。研究经济增长就应该研究收入流的来源及其价格。所以,"中心经济问题就是要解释由什么决定这些收入流的价格"。而要说明收入流价格的决定就要从供给和需求入手来说明收入流来源价格的决定。

舒尔茨用收入流价格理论解释了传统农业停滞落后、不能成为经济增长源泉的原因。他认为:在传统农业中,由于生产要素和技术状况不变,所以持久收入流来源的供给是不变的,即持久收入流的供给曲线是一条垂直线。另一方面,传统农业中农民持有和获得收入流的偏好和动机是不变的,所以对持久收入流来源的需求也不变,即持久收入流的需求曲线是一条水平线。这样,持久收入流的均衡价格就长期在高水平上固定不变。这就说明了"来自农业生产的收入流来源的价格是比较高的",即"传统农业中资本的收益率低下"。舒尔茨仍以危地马拉的帕那加撒尔和印度的塞纳普尔资本收益率低下的事实证明了这一结论。所以,传统农业的贫穷落后及其不能为经济增长作为贡献的根本原因在于资本收益率低下,在这种情况下,就不可能增加储蓄和投资,也无法打破长期停滞的均衡状态。资本收益率的低下,也就是收入流来源的价格高,即"社会所依靠的生产要素是昂贵的经济增长源泉"。因此,改造传统农业的出路就在于寻找一些新的生产要素作为廉价的经济增长源泉。

五

从以上的分析,舒尔茨提出,改造传统农业的关键是要引进新的现代农业生产要素,这些要素可以使农业收入流价格下降,从而使农业成为经济增长的源泉。舒尔茨特别强调,引进新生产要素实际就是许多经济学家反复强调的、促进经济增长的关键因素——技术变化,因为"'技术变化'这一概念在实质上至少是一种生产要素增加、减少或改变的结果"。那么,如何才能通过引进现代生产要素来改造传统农业呢?舒尔茨着重论述了三个问题:1)建立一套适于传统农业改造的制度;2)从供给和需求两方面为引进现代生产要素创造条件;3)对农民进行人力资本投资。

舒尔茨同其他许多发展经济学家一样,都重视制度对经济发展的作用。他认为,"制度上的相应的改变是经济现代化的必要条件之一",而制度是"包括各种不同的活动、结构以及具体活动的规章制度"(《经济增长与农业》,英文版,第221页)。在改造传统农业中,舒尔茨认为重要的制度保证是:运用以经济刺激为基础的市场方式,通过农产品和生产要素的价格变动来刺激农民;不要建立大规模的农场,要通过所有权与经营权合一的、能适应市场变化的家庭农场来改造传统农业;改变农业中低效率的不在所有制形式(即土地的所有者并不住在自己的土地上,也不亲自进行经营),实行居住所有制形式(即土地所有者住在自己的土地上亲自进行经营)。

在引进新生产要素时供给是重要的,所以"这些要素的供给者掌握了这种增长的关键"。为了供给新生产要素,就需要政府或其他非营利企业研究出适于本国条件的生产要素,并通过农业推广站等机构将它分发出去。从需求来看,要使农民乐意接受新生产要素,就必须使这些要素真正有利可图。这既取决于新生产要素的"价格和产量",也取决于"决定地主与农民之间如何分摊成本和收益的租佃制度"。此外,还要向农民提供有关新生产要素的信息,并使农民学会使用这些新生产要素。

舒尔茨是人力资本理论的倡导者之一。他认为,资本不仅包括作为生产资料的物,而且应该包括作为劳动力的人。所以,引进新生产要素,不仅要引进杂交种子、机械这些物的要素,还要引进具有现代科学知识、能运用新生产要素的人。而且"各种历史资料都表明,农民的技能和知识水平与其耕作的生产率之间存在着密切的正相关关系"。这样,就要对农民进行人力资本投资。人力资本投资的形式包括:教育、在职培训以及提高健康水平。其中教育更加重要。

六

发展经济学是用西方经济理论来研究并指导发展中国家发展经济,这种理论具有重大的现实意义。

《改造传统农业》一书是发展经济学中的经典著作,有许多观点至今仍然有十分重要的意义。1)舒尔茨确立了农业在经济发展中的重要作用。他敢于向传统的轻视农业的理论挑战,对这些理论作了详细而周密的批驳。他根据发展中国家的实际情况,强调了农业本身的改造对经济发展的重要作用。这不仅在理论上是一个重大突破,而且对发展中国家重新制定发展战略有一定的实践意义。2)舒尔茨曾到过许多发展中国家考察农业,又在一些国际组织担任工作,对发展中国家的情况十分熟悉。因此,他对农业问题的一些分析,对改造传统农业所提出的若干建议,例如,认为传统农业的落后在于资本收益率低下,主张发展中国家要引进新生产要素,对农民进行人力资本投资,都比较中肯。3)舒尔茨提出的一些观点,如关于利用市场机制的论述,关于反对盲目搞大农业的主张,关于对农民进行人力资本投资的重要性和做法,关于重点发展中、小学教育等,对我们也有启发。

舒尔茨对中国人民是友好的。1980年他来华访问期间,曾在北京大学、复旦大学等单位演讲,赞扬我国社会主义建设的成就。

本书承姚子范同志校阅,谨致谢意。

目 录

序 言 1

第一章 问题的提出 4
 各种学说的遗产 8
 需要撇开的问题 10
 未解决的问题 14

第二章 传统农业的特征 22
 一个经济概念 26
 如何改造传统农业？ 28
 一个难题 29

第三章 传统农业中生产要素配置的效率 32
 经济效率的假说 32
 危地马拉的帕那加撒尔：十分贫穷而有效率 36
 印度的塞纳普尔：贫穷而有效率 39
 结论与含义 43

第四章 零值农业劳动学说 47
 "零值劳动"学说的各种根源 50
 对理论的屈从 52
 经验事实的检验 53
 根据印度1918—1919年流行性感冒后的情况所作的检验 ... 56

第五章　收入流价格理论的含义 …… 62
增长模型忽视了的内容 …… 64
一种理论框架 …… 64
非增长类型 …… 69
增长类型 …… 70

第六章　传统农业收入流的价格 …… 72
收入流价格较高的假说 …… 72
反对这一假说的观点 …… 73
危地马拉的帕那加撒尔 …… 77
印度的塞纳普尔 …… 80
结论性的含义 …… 83
对要素份额的说明 …… 83

第七章　投资有利性问题的引言 …… 88

第八章　农场规模、控制和刺激 …… 95
专业化 …… 99
　有组织的研究 …… 99
　生产现代投入品 …… 101
　"生产"信息 …… 101
不在所有或居住所有的控制和农场规模 …… 102
假不可分性和农场规模 …… 105
　大型拖拉机和许多锄头 …… 106
　真不可分性 …… 107
对地租的压抑 …… 107
关键是农产品和要素价格 …… 110

第九章 隐蔽在"技术变化"中的生产要素 ………………… 112
隐蔽要素的花招 …………………………………………… 113
某些农业要素的特征的例子 …………………………… 115
某些特殊生产要素的供给中存在的变化 ……………… 116
考察技术变化所掩盖的内容 ……………………………… 120
全面生产要素概念的含义 ………………………………… 123
需求和供给的方法 ………………………………………… 123

第十章 新的有利生产要素的供给者 ………………………… 125
供给者的研究和发展 ……………………………………… 126
供给者所进行的分配 ……………………………………… 131
营利企业 ………………………………………………… 132
非营利企业 ……………………………………………… 134

第十一章 农民作为新要素的需求者 ………………………… 139
接受的速度 ………………………………………………… 140
有利性 …………………………………………………… 140
决定有利性的因素 ……………………………………… 142
对新要素的寻求 …………………………………………… 145
学会使用新农业要素 ……………………………………… 146
分类 ……………………………………………………… 147
成本和收益 ……………………………………………… 148

第十二章 向农民投资 …………………………………………… 150
农业增长和人力资本的回顾 ……………………………… 152
工业化的教训 ……………………………………………… 156
教育的价值何在 …………………………………………… 159

  不依靠追加教育投资的增长 ················· 160

  依靠追加教育投资的增长 ··················· 161

引进技术的经济学 ····································· 163

  引进或国内生产 ···························· 164

  应急或长期计划 ···························· 165

  各级教育的分配 ···························· 166

  错定了教育外国学生的方针 ················· 166

  向物的投资与向人的投资之间的联系 ········· 166

向人力资本投资 ······································· 167

  政治障碍 ·································· 167

  向农民投资的类别 ·························· 170

  教育的经济价值 ···························· 171

序　言

　　当我看到大多数国家在增加农业生产方面收效甚微时，我就懂得了为什么人们会深信，精通农业是一门可贵而又难得的艺术。如果说精通农业是一门艺术，那么，少数国家在这方面是非常内行的，尽管它们似乎还不能把这种艺术传授给其他国家。这少数精通农业的国家在用于耕作的劳动和土地减少的同时，生产一直在增加。但是，只要把增加生产的经济基础作为一门艺术，我就毫不奇怪实现农业生产增加的经济政策基本上仍然属于神话的领域。现在，在制定政策方面，一个接一个国家的政策制定者就像过去按月亮的变化来播种谷物的农民那样老练了。

　　农业是一个定居的社会中最古老的一项生产活动，但令人惊讶的是，人们对在农民受传统农业束缚的地方的储蓄和投资的刺激了解很少。更奇怪的是，在分析穷国农民的储蓄、投资和生产行为方面，经济学倒退了。对于这些环境下适用的特殊类型的经济均衡，老一些的经济学家比现代经济学家要懂得多一些。

　　虽然传统农业的弱小是显而易见的，但这种弱小性并不是一套独特的、与工作和节约相关的偏好的函数这一点并不明显。同样不明显的是：传统农业的弱小性主要是由于农民已耗尽了作为他们所支配的投入和知识的一个组成部分的"生产技术"的有利性，而对于农民的储蓄与投资以增加再生产性资本的各种形式的存量,几乎没有什么刺激。本书研究的目的是要说明,传统农业的基本特征是向农民世代使用的那种类型农业要素投资的低收益率,此外,还要进一步说明为了改造这种类型的农业,就要发展并供给一套比较有利可图的要素。发展和供给这种要素,并学会有效地使用这些要素,是投资——向人力和物质资本的投资——的事。

粮食和农业问题一再被作为检验新概念与分析工具的场所。相对于土地而言,劳动和物质资本的收益递减与李嘉图式的地租都是例证。从恩格尔的统计学开始的需求收入弹性,以及后来亨利·舒尔茨(Henry Schultz)的不朽研究和吉尔西克(Girshick)、哈维尔莫(Haavelmo)、斯通(Stone)、托宾(Tobin)、巴克(Buck)、霍撒克(Houthakker)、戈伦克斯(Goreux)等的研究也是例证。最近纳洛夫(Nerlove)对分配时延的解释价值进行了检验,格里利切斯(Griliches)对生产函数的特别偏重,以及格里利切斯对杂交玉米这种新投入品的研究成本和社会收益都作了检验。在本书的研究中,我试图检验在确定来自农业源泉的收入流价格中,供给和需求方法的有用性。

当我开始研究时,曾打算包括一个有关文献的广泛的书目。但是,我很快就明白了,尽管可以得到许多有关穷国农业特征的文献,然而一般说来这些文献与作为本书研究核心的基本经济问题都无关。因此,我又决定,与其单独列出书目还不如把它作为附注。结果是许多我所提到的公开发表的文献条目代表了支持与我的分析不一致的学说和政策方法的观点和论述。

从我在1959年下半年开始本书的研究以来,我要感谢许多人。当我向自己的学生提出本书研究的中心思想时,与他们的讨论使我收获颇大。我的同事兹维·格里利切斯(Zvi Griliches)、D.盖尔·约翰逊(D. Gale Johnson)以及戴尔·W.乔根森(Dale W. Jorgenson)阅读了本书的主要章节,他们的批评使我获益匪浅。弗农·W.拉坦(Vernon W. Ruttan)阅读了全部初稿,我几乎接受了他提出的所有建议。艾布拉姆·伯格森(Abram Bergson)、理查德·A.马斯格雷夫(Richard A. Musgrave)和劳埃德·雷诺兹(Lloyd Reynolds)提出了一些有益的问题。我的妻子埃丝特·沃思·舒尔茨(Esther Werth Schultz)校对了打字稿,核对了参考书目,并多次使我认识到,我自认为清楚的东西实际上表叙得并不够清楚。耶鲁大学出版社的玛丽安·尼尔·阿什(Marian Neal Ash)小姐慷慨地献出了自己的编辑才能。我的秘书弗吉尼亚·K.瑟娜尔(Virginia K. Thurner)辛勤地校对了清样。福特基金会的资助使我在1961—1962年间摆脱了学校的工作。但是,更要感谢的是我所要归功的口授传授,这是芝加哥大学经济系专题讨论会的一个部分。

西奥多·W.舒尔茨

1963年5月于芝加哥大学

第一章 问题的提出

一个像其祖辈那样耕作的人,无论土地多么肥沃或他如何辛勤劳动,也无法生产出大量食物。一个得到并精通运用有关土壤、植物、动物和机械的科学知识的农民,即使在贫瘠的土地上,也能生产出丰富的食物。他无须总是那么辛勤而长时间地劳动。他能生产得如此之多,以至于他的兄弟和某些邻居可以到城市谋生。没有这些人也可以生产出足够的农产品。使得这种改造成为可能的知识是资本的一种形式,无论这种资本是农民使用的物质投入品的一个组成部分,还是他们的技术和知识的一部分。

完全以农民世代使用的各种生产要素为基础的农业可以称之为传统农业。一个依靠传统农业的国家必然是贫穷的,因而就要把大部分收入用于食物。但是,当一个国家像欧洲的丹麦,近东的以色列,拉丁美洲的墨西哥和远东的日本那样发展农业部门时,食物就比较丰富,收入就增加,而且用于食物的收入也减少。如何把弱小的传统农业改造成为一个高生产率的经济部门是本书研究的中心问题。

从根本上说,这种改造取决于对农业的投资。因此,这是一个投资问题。但是,它主要并不是资本供给问题。确切地说,它是决定这种投资应该采取什么形式的问题,这些形式使农业投资有利可图。这种研究方法把农业作为经济增长的一个源泉,而分析的任务是要确定通过投资把传统农业改造成生产率更高的部门能够实现多么廉价而巨大的增长。虽然对经济增长的研究非常活跃,但这个问题却很少受到注意。尽管事实上每个国家都有农业部门,而且在低收入国家农业总是最大的部门,但除了少数例外,研究增长问题的经济学家为了集中解决工业问题,都撇开了农业。同时,许多国家不同程度地正在进行工业化。其中大部分国家在实现工业化时并没有采取相应的措施来增加农业生产。某些国家以损害农业来实现工业化。只有少数国家从工业和农业中都得到了大幅度的经济增长。成功地发展自己的农业部门,使农业成为经济增长的一个真正源泉的只是个别例外的国家。

但是,并不存在使任何一个国家的农业部门不能对经济增长作出重大贡献的基本原因。的确,仅使用传统生产要素的农业是无法对经济增长作出重大贡献的,但现代化的农业能对经济增长作出重大贡献。对于农业能否成为经济增长的一台强大发动机,已不再有任何怀疑了。然而,要得到这样的发动机就必须向农业投资,而这件事并不简单,因为它主要取决于投资所采取的形式。用刺激的办法去指导和奖励农民则是一个关键部分。一旦有了投资机会和有效的刺激,农民将会点石成金。

本书的研究目的是要说明存在着一种合乎逻辑的经济基础,它可以解释为什么仅使用由它支配的生产要素的传统农业除了以高昂的代价之外无法增长,以及为什么按过去的增长标准看对现代农业要素投资的收益率可能是很高的。因此,真正重要的问题是想以尽量低廉的代价实现经济增长的国家,在发展农业中应该做些什么。

尽管对显而易见的事情作详细阐述是有风险的,但说明一下什么是"农业部门"可能还是谨慎的。农业是生产特殊种类产品的经济部门,这类产品主要来自于植物,以及包括家禽在内的动物。其中某些产品由纤维和其他工业用的原料组成。但是,大部分最终用作食物。把农业部门的生产活动分为以下几类是恰当的:1)农民所从事的生产(在本书研究所用的术语中,小农和耕种者都是农民);他们可能主要为家庭消费生产,或者完全为市场生产;2)不由农民从事,而由一些供给者从事农业要素的生产,农民由这些供给者那里获得这些要素;3)不由农民完成的农产品销售、运输和加工的生产。[①]

但是,为什么对农业的经济潜力缺乏了解呢?这部分是由于经济学知识的状况,部分是由于广泛承认的关于农业部门的学说所引起的混乱。在知识界,农业经济学家把自己的研究主要局限于一些小国的农业,在这些国家,农业有效地对国民收入作出了贡献。他们考察了这些国家农民所面临的各种问题,但并不是从农业的角度来研究增长经济学。一般说来,他们忽视了传统农业,把它留给人类学家去研究,人类学家作出了一些有用的研究,这一点以后会讲清楚。同时,增长经济学家编制出了大量宏观模型,除少数外,这些模型既没有适当地把农业的增长潜力理论化,又不能用于检验农业作为一种经济增长源泉的经验行为。

---

① 另一种划分同农业相关的生产活动的有用方法是哈罗德·布雷迈尔(Harold Breimyer)提出来的,见《三种农业经济》,载《农业经济学杂志》,第 44 期(1962 年 8 月)。

当然，经济学家和有识之士一般正在认识到各国在提高农业劳动生产率速度方面的巨大差别；在农业现代化最成功的那些国家，农业劳动生产率的提高比工业快得多。人们还认识到了在农业生产增长率方面相应的巨大差别；但是，对这些差别没有作出解释。增长经济学家在进行高度理论化时，除了少数例外，都把脱离现实的"资本"和"劳动"作为基本的解释变量。然后有一种归咎于"技术变化"的剩余。当把这些模型用于分析实际资料时，结果是大部分经济增长隐蔽在"技术变化"的名下。因为这是一种剩余，对它就没有作出什么解释。同时，那些略微注意到农业部门情况的人总是厌恶农民的落后性。他们的结论是：当农民学到了"勤劳与节俭"的经济美德，从而有了储蓄和投资时，就将会克服传统农业的经济停滞状态——但绝没有想到对传统农业投资的有利性。①

毫无疑问，经济学知识的缺乏引起了各种学说。关于农业可以对增长作出贡献就是如此。某些学说是一些根深蒂固的政治教条。某些只是经济学家已经消亡了的思想。能说明这些学说是错误的，就为这个问题的一种有用的概念扫清了道路。非常有希望的是，在一定时期内，相信经济分析的喇叭可以摧毁政治教条的城墙并不完全是幼稚可笑的见解。

---

① E.伦德伯格（E.Lundberg）教授在其剑桥大学马歇尔演讲中非常谨慎地讨论了宏观增长模型的某些局限性，这些演讲以《投资的有利性》为题发表了，见《经济学杂志》第69期（1959年12月）。还可看 F.A.卢茨（F.A.Lutz）和 D.C.黑格（D.C.Hague）编的：《资本理论：国际经济学会会议记录汇编》（伦敦，麦克米伦出版社，1961年），第1章。

更重要的是这些学说导致了对农业在经济增长中的作用是什么这一问题的错误回答。教条式的回答如下：来自农业的增长机会是最不引人注目的增长源泉；农业可以为穷国进行工业化提供所需要的大部分资本；它还可以为工业提供无限的劳动供给；它甚至可以按零机会成本提供大量的劳动，因为在边际生产率为零的意义上说，农业中有相当一部分劳动力是过剩的；农民对正常的经济刺激没有反应，往往还会作出错误的反应，其含义是农产品的供给曲线向后倾斜；为了用最小成本生产农产品就需要大农场。

各种学说的遗产

要在废墟上进行建设就必须首先清除这些陈迹，这可能要付出高昂的代价。在以后的几章里，必须一个接一个地检验这些学说，以便说明每一种学说都是以某些只有部分真实性的叙述为基础的，而且每一种学说都是所涉及的基本经济问题的一种错误概念。因为某些较重要的学说是早期经济思想的遗产，所以顺便把它们作为问题的一部分背景进行简单的考察是有益的。

重农学派和古典学派在农业方面的遗产是几种结局很坏的经济学说的来源。重农学家把其体系建立在这一公理之上：只有农业是生产的，因此，他们认为，农业生产了其工人的生活资料，其企业家的收入，以及剩余（"第三地租"），而工业和商业是不结果的。古典经济学家根据资本积累、马尔萨斯人口原理和表明了农业收

第一章 问题的提出

益递减的历史规律,编制了宏伟的动态模型。① 按他们的论述,农业取决于固定的土地供给。因此,随着对食物需求的增加,土地的地租提高了,地租吸引了经济进步的部分成果,并使土地所有者富裕起来。马克思抛弃了马尔萨斯的人口原理,但接受了李嘉图的地租理论。马克思的一个重要而又被忽视了的原则是,随着农业生产单位规模的扩大,农产品的成本在下降,这类似于古典经济学家认为制造业所特有的成本递减。② 马歇尔总是很尊敬古典学派的思想,他把自己的才能转而用于创建更加实用的分析工具。他责备亨利·乔治(Henry George),但他本人并没有摆脱历史上李嘉图地租理论的支配。马歇尔认为,较廉价的运输和新土地的开发只是暂时延缓了土地地租的最终进一步上升。

这些学说中与农业相关的信条没有一条能经得起时间的考验。除了极少数农民原教旨主义者(agrarian fundamentalists)③外,现在没有一个人像重农学家那样认为,农业是剩余的唯一最终来源。在某些保守主义者、生物学家和人口学家中,仍然相信仅适用于农业的收益递减历史规律。随着经济增长的发生,古典经济学家所重视的农业和制造业之间在基本成本条件方面的差别与许

---

① 这一段引自威廉·J.鲍莫尔(William J.Baumol)的《经济的动态》(纽约,麦克米伦出版社,1951年),第2章。这里所说的古典经济学家是指"在马尔萨斯以后和约翰·斯图亚特·穆勒之前这一段时期在英国工作的那些经济理论作家"。
② 戴维·米特拉尼(David Mitrany):《马克思与农民》(查珀尔希尔,北卡罗来纳大学出版社,1951年)。
③ 这些原教旨主义者不属于J.S.戴维斯(J.S.Davis)在一篇文章中非常怀疑的"农业原教旨主义"(agricultural fundamentalism),这篇文章又收入他的《论农业政策,1926—1938年》(斯坦福大学粮食研究所,1939年)。

多事实相矛盾。同样相反的结论也适用于马克思的原则:日益扩大的农场必然减少农产品的成本。这些学说并没有什么合乎逻辑的基础。它们必定要依靠某些经验调查的材料,而通过检验发现这些经验材料是不充分的。

还有一种较近期的遗产。其中之一根源于与30年代大危机的大量失业相关的经济思想。这就是"隐蔽失业"的概念,这一概念被扩大到只有一点点或根本没有工业的国家,而且在转变中产生了一种学说:在这些国家的农业中,有相当一部分劳动的边际生产率为零。要消除这种学说的废墟,将要求有相当长的一章。在某些论述土地改革的文献中,认为地租起不到有用的经济作用的观点,其根源部分可以追溯到李嘉图地租中的"不劳而获的部分",而部分可以追溯到马克思对李嘉图地租理论的曲解。正如人们所预料到的,在配置农业土地中对地租的压抑在苏联类型的经济中特别明显。就现代化的农业而论,要素的不可分性很受重视,农用拖拉机是这种不可分性的象征。但是,要说明拖拉机和其他这类要素都是一种假不可分性并不困难。

需要撇开的问题

本书研究的中心问题是那些与来自农业增长相关的未解决的经济问题,在转入这一问题之前,要用几句话解释一下为什么不考虑几个有关的经济问题。在这方面主要有三个问题:1)随着收入提高,对农产品需求的增长率较低,2)一个正在增长的经济中经济不稳定性对农业的影响,以及 3)在高收入国家里,农业部门对增

第一章 问题的提出

长的适应。

消费(包括对农产品的需求)知识的进展是最近经济研究的主要里程碑。已经阐明了论述消费函数的理论。① 对需求,特别是对农产品需求的价格和收入弹性的估算已经集中起来,而且解决了与增长相关而产生的对农产品需求的主要问题。虽然长期以来就有经验事实支持这样的推论:在高收入国家里,大多数农产品的需求价格弹性是较低的,但对这些产品的需求收入弹性的令人满意的估算完全是最近的成就。恩格尔定律当然是适用于较长时期的,虽然它只是从少数统计中得出来的,但这些统计表明,食物的需求收入弹性可能是小于1。但是,直至前不久,还不理解与增长相关的人均收入提高的重要性,而且也不理解农产品需求收入弹性的一直下降正是这种增长的结果。在近二十年前,对企图估算农业生产的食物的收入弹性仍然有某些学术方面的令人兴奋的结果。在40年代初期,把美国的这一弹性确定为0.25看来是有点风险的。② 从那时以来,以使用现代分析技术的广泛的统计数字为基础的研究不仅支持这种具体的估算,而且建立了包括各种主要农业生产的食物在内的估算体系。此外,这些估算现在可用于许多在人均收入方面存在着巨大差别的国家。值得注意的是,关于一段时期内需求和需求变化的经济学知识要比关于供给的知识更完备。经济学知识状况的这种差别有其明显的理论和实践原

---

① 对这一问题,特别可以参看米尔顿·弗里德曼(Milton Friedman)的《消费函数理论》(普林斯顿,普林斯顿大学出版社为国民经济研究所出版,1957年)。

② 这种评论是指作者的估算,见《不稳定经济中的农业》(纽约,麦克劳—希尔公司,1945年),第68页。

因,这些原因在其他地方已经有所论述了。①

的确,随着人均收入的提高,对农产品需求的增加在低收入国家比高收入国家要多(不考虑人口的增长)。这种重要差别的原因是以一种已确定的事实为基础的:有一些高收入国家的农产品需求收入弹性接近于零,而有一些低收入国家的这一弹性仍然是0.9左右。

戈伦克斯对世界各地农业食物需求收入弹性估算的概括说明了这些差别的范围和数量:②

亚洲和远东(不包括日本)	0.9
近东和非洲(不包括南非)	0.7
拉丁美洲(不包括阿根廷与乌拉圭)	0.6
日本	0.6
地中海欧洲国家	0.55
欧洲经济共同体	0.5
其他西欧国家	0.2
北美洲	0.16

---

① 西奥多·W.舒尔茨:《对农业生产、产量和供给的看法》,载《农业经济学杂志》,第38期(1956年8月)。

② 戈伦克斯博士在提出全世界农业生产的食物的需求收入弹性的状况方面作出了开创性工作。参看他的《收入与食物消费》,联合国粮农组织,载《农业经济学与统计学月报》,第9卷第10期(1960年10月)。还可以参看联合国粮农组织编的《食物消费概况评论》(罗马,1958年7月)以及戈伦克斯的《食物需求收入弹性》,欧洲经济委员会与联合国粮农组织合作(1959年6月22日,油印本)。最有用的是联合国粮农组织编的一本详尽的书:《需求分析与预测的书目》(1959年,油印本,167页),1960年的《增补》(油印本,98页)和1961年的《增补》(油印本,62页)。关于戈伦克斯估算的概要,可以看看《1970年农产品预测》,联合国粮农组织,载《1962年商品评论,特别增刊》(罗马,1962年)。上述估算引自表12,根据的是1957—1959年间的农产品价值。还可以参看 H.E.巴克霍尔兹(H.E.Buchholz),G.G.贾奇(G.G.Judge)和 V.I.韦斯特(V.I.West):《美国农产品所选估算行为关系概要》(奥巴纳,伊利诺伊大学农学院,《农业经济研究评论》第57期,1962年10月)。

因为对农产品的需求已有了许多相应的研究,而且研究成果得到了广泛运用,所以,就不必进一步论述在收入不断提高时对农产品需求的作用变化。

由于下列原因,与经济增长中固有的经济不稳定性相关的问题也可以撇开。30年代在主要工业国发生的那种大规模失业现象现在可以通过货币和财政措施来防止,而且,认为这些国家在可以预见到的未来不能防止这种大规模失业看来是未必可信的。经济周期中比较"正常"的高涨和衰退也可以制止,因此,不仅个人收入流量变得稳定了,而且消费者的预期也修改了,因为消费者越来越把波动看得同其收入中的暂时变动一样。这样,消费者的需求,包括对食物和作为食物的农产品的需求,看来显然稳定了。① 同时,主要依靠支持价格来实现稳定农产品价格的计划也增多了。在某些国家内,这些支持价格明显地改变了农产品价格的短期变动。但是,支持价格对农产品价格的长期变动和结构的影响还不清楚。精心制定的农业期货价格方案②在提高农产品价格作为指导的刺激和对农民的奖励的效用方面,贡献是实际而显著的。虽然普遍地滥用支持价格引起了这样的推论:政府并无能力认可并执行可以满足其成功所需必要条件的期货价格方案,但是,自从最初提出期货价格以来所发生的经济变化并没有使这种主张过时。

---

① 罗伯特·S.弗思(Robert S. Firch):《美国经济的稳定化和农场收入的稳定性》(未发表的博士论文,芝加哥大学,1963年)。

② 参看 D.盖尔·约翰逊:《农业期货价格》(芝加哥,芝加哥大学出版社,1947年),以及作者的《不稳定经济中的农业》与《农业的经济组织》(纽约,麦克劳-希尔公司,1953年)。

在农业部门最成功地采取并使用了现代生产要素的许多高收入国家里,出现了一个重要的新问题。这就是劳动生产率高速增长的农业与对农产品的需求缓慢增长的高收入经济相适应的问题。当农业所需要的劳动力大幅度减少时,由于离开农业的农民缺乏非农业工作的技术和教育,又由于大量失业进一步增加了就业的困难,上述问题就更加尖锐了。但是,仍处于传统农业状态的国家并没有遇到这种特殊问题。这个问题与构成改造传统农业的经济问题无关,由于这一简单原因,本书的研究不论述这一问题。①

未解决的问题

在确定农业中经济增长的机会时,必须解决三个未解决的问题:1)低收入社会能通过有效地配置其现有的农业生产要素来大幅度增加农业生产吗?2)各国在农业部门对经济增长作出贡献的成功性方面的巨大差别主要是由哪种农业生产要素所引起的?3)在什么条件下对农业投资是有益的呢?第一和第三个问题是有争

---

① 此外,有相当一部分经济思想是论述这个适应性问题的。作者的《农业的经济组织》的主要部分就论述了这一点。厄尔·O.黑迪(Earl O.Heady)的《经济发展中的农业政策》(埃姆斯,衣阿华,衣阿华州立大学出版社,1962年)和戴尔·E.哈撒韦(Dale E.Hathaway)的《政府与农业:民主社会的公共政策》(纽约,麦克米伦出版社,1963年)都是重要著作。对这一部门和其他部门所出现的基本福利问题,在作者的《经济进步中引起的再分配损失的政策》中作了论述,见《农业经济学杂志》第43期(1961年8月),该文又收入《农业中的劳动流动性与人口》(埃姆斯,衣阿华,衣阿华州立大学出版社,1962年)。经济发展委员会所作的政策说明《农业的适应方案》(纽约,1962年)正如题目所表明的,也强调了这一问题。

论的基本经济问题,本书研究的中心就是这些问题。第二个问题主要是用于分析。

现在谈第一个问题,在低收入国家,通过提高农业的配置效率,即通过更有效地配置现有的土地、建筑物、设备和农业人口(农业工人和农民),能使农业生产增加多少呢?我们用主要的两章来论述这一问题,因为普遍坚信的观点是,穷国的农业部门在使用所拥有的要素时总是效率很低的。本书研究所提出的假说与此相反,即认为大部分穷国的农业部门在使用它所拥有的生产要素时,效率是比较高的。

各国农业生产方面存在的显著差别在多大程度上取决于土地、物质资本或农民的差别呢?传统的回答总是这种差别主要取决于"土地";现在在土地之外又加上了"拖拉机"。但是,这两种要素只能解释农业生产中的少数差别。本书的研究支持这样一种看法:在解释农业生产的增长量和增长率的差别时,土地的差别是最不重要的,物质资本的质的差别是相当重要的,而农民的能力的差别是最重要的。

在理解农业是经济增长的源泉时,有相当一部分问题是由关于土地的思想遗产所造成的。[①] 农田有两个组成部分,即自然赋予部分和资本建筑部分。后者是过去投资的结果。理论家们在谈到土地时总是不言而喻地指它的自然赋予。但这基本是一个空洞的概念,因为农田生产率的许多差别都是人为的。对土地的投资一直

---

① 参看拙著:《经济增长中的土地》,载《现代土地政策》(奥巴纳,伊利诺伊大学出版社,1958年),第2章。

是很重要的。此外,能替代土地的要素的生产正日益重要起来。

但是,总的说来,土地的差别并不是足以解释农业生产趋势的变量;也不在于农业中使用的传统类型的物质资本量的差别,这种差别是按要素成本由这种资本所得到的收入份额来衡量的。然而,农业中使用的物质资本的质却是非常重要的。这种资本的质取决于它所体现的农业科学知识的多少。但是,解释农业生产差别的关键变量是人的因素,即农民所获得的能力水平的差别。

现在,看一看正在农业中所发生的情况是有益的。即使是对世界各地农业生产的趋势作一些概述,也有助于弄清楚所研究的问题。

西欧的农业生产取得了巨大的成就。西欧是一个古老而拥挤的工场,人口密度比亚洲大得多,而且农田的自然赋予也很贫瘠,但它仅在二十年前就以出人意料的速度发展了自己的农业生产。例如,意大利、奥地利和希腊的人均可耕地比印度少,而且农田比印度的贫瘠,但它们分别以每年 3%、3.3% 和 5.7% 的增长率发展了农业生产,而印度的增长率只是每年 2.1%。[①] 此外,在 1950—1959 年间,西北欧的农业就业人数减少了 20%,而农业劳动生产率提高了 50%。[②] 显然不能用开发新土地来解释这种情况。土地仍同样是过去自然赋予的最贫瘠的土地。如果有区别的话,那就是用于耕种的总面积有所减少。农业资本的质的提高是肯定的;

[①] 所根据的是 1952—1959 年的农业生产。参看联合国粮农组织:《1970 年农产品预测》,表 M 18。

[②] 这里包括十个国家:奥地利、比利时、丹麦、法国、西德、爱尔兰、荷兰、挪威、瑞典和英国。所包括的时期是 1950—1959 年。资料来源:《1970 年农产品预测》,表 M 13。

农民具有使用现代生产要素的能力也是肯定的;大规模的耕作则并不存在。

在许多方面,以色列也同欧洲一样。人口与适于耕种的土地之比是高的。土地并不肥沃,而且没有一个人认为农业的前途是光明的。然而,在 1952—1959 年间,虽然农业就业人数只增加了四分之一,但生产却增加了一倍多。① 这又表明土地并不是这种增长的主要源泉。现代生产要素是重要的。从事农业的人并不熟悉耕作,因为他们主要是非农业人口,但他们许多人都受过良好的教育。以色列的"吉布提兹姆"(kibbutzim,大农场)发展得很好,但它比"莫萨维姆"(moshavim,小农场)的效率低。②

拉丁美洲出现了两种截然不同的情况。一种可以以墨西哥为例,而另一种以阿根廷、智利与乌拉圭为例。墨西哥的农业生产以每年 7.1% 的空前高速度增长着。③ 从墨西哥取得的成就中所得出的经验特别适用于许多力求发展现代经济的低收入国家。墨西哥只是在最近才开始这样迅速地增长。增长的基础不是由早期的、逐步的、延续几十年的发展奠定的。某些低收入国家以损害农业来实现工业化,或者在工业基础建立起来之前简单地忽视了农业,墨西哥没有犯这种错误。墨西哥是少数同时实现了工农业现代化,而且又从工农业中获得了国民收入大幅度增长的国家之一。

---

① A.L.盖索(A.L.Gaathon):《以色列的资本存量、就业和产量:1950—1959 年,理论研究》第 1 卷(耶路撒冷,以色列银行,1961 年),附录 B 与 C。

② 伊齐拉·沙丹(Ezra Sadan):《以色列的农业定居:对资源配置的研究》(未发表的经济学博士论文,芝加哥大学,1962 年)。

③ 引自联合国粮农组织:《1970 年农产品预测》,表 M 18,时期是 1952—1959 年间。

至今为止，墨西哥的经济增长并没有得到应有的注意，因此这种增长的经济基础还没有完全得到证实。墨西哥的经济学家把它主要归之于土地改革。① 在为经济进步奠定政治和经济的前提时，土地改革确实是重要的。但是，土地改革并没有改变自然赋予。例如，墨西哥的农田比阿根廷的贫瘠。许多"艾几多斯"（ejidos，一种由大"种植园式"农场分裂而形成的小农户）是土地改革所确立起来的，但它们发展得并不好。然而，许多艾几多斯之外的农户却发展得非常好。政府不仅投资于水坝和灌溉设施，而且还依靠洛克菲勒基金会的援助投资于农业科学。许多现代农业要素得到了采用。道路和交通运输设施有了很大改进。但是，农民的技术和教育似乎落后了，而且，这些看来正成为增长中的限制性因素。

智利的农业生产每年只增长 1.6％，②而阿根廷和乌拉圭的农业处于停滞状态。阿根廷肥沃的土地以适于种植苜蓿、玉米和其他谷物而著称。阿根廷部分地区可与衣阿华州最好的地区相比，而智利生产多种农产品的自然潜力很像加利福尼亚州的情况。美国和其他地方的农业科学成就对这些国家比对于大部分国家更加适用。而且，在将近二三十年之前，这些国家在使用当时仍属于最好的生产要素方面，大体上是并驾齐驱的。但是，这里存在着土地的不在所有制与大地产。对指导的经济刺激和对农民的奖励毫无效用。在整个农村，农业的停滞状况没有任何改变。

---

① 埃德蒙多·弗洛里斯(Edmundo Flores)：《农业经济的改造》（墨西哥，文化经济出版社，1961年）。

② 这种估算的来源，可参看本书第17页注③。

第一章　问题的提出

就整个农业生产而言,亚洲和远东超过了其他任何地区,其总产量大大超过了欧洲和拉丁美洲的总和。然而,这里的食物远远不够。众所周知,这里要养活的人口有其他地区的三倍之多。农业生产方面的突破主要是日本。中国尽管有许多扩大农业生产的计划,实际上仍处于困难之中。印度许多努力增加农业部门产量的成果令人振奋,但农业状况远远谈不上出色。通过比较日本和印度的发展,可以最有力地说明这种情况。

日本的农业生产按每年4.6%的增长率增加,而印度如前所述,只按每年2.1%增加。① 如果说农田的差别是一个主要因素,那么农业增长率就应该是另一种情况。按人口平均来看,印度的农田是日本的六倍。② 作为一种自然赋予,印度的土地也是比较肥沃的。即使根据灌溉面积,按人口平均衡量,印度仍将近是日本的三倍。③ 但是,日本每英亩土地的产量是印度的八倍。④ 毫无疑问,日本所使用的农业物质要素的质远比印度所用的好。但是,更重要的仍然是,与印度农民技术水平低、农村中文盲普遍存在的情况相比较,日本农民的耕作技术水平高,他们所受到的教育也多。

美国农业生产的成功戏剧性地表现为产品过剩、大量出口以及提出各种减少产量的政府计划。尽管这样,在1940年到1961年间,农业产量仍增加了56%,而耕种的土地大约减少了10%(将

---

①　参看本书第17页注③。
②　莱斯特·R.布朗(Lester R.Brown):《对远东农业的经济分析》,载《外国农业经济报告》第2卷(美国农业部,1961年11月),表5。
③　同上,表3与表7。
④　同上,表16。把1958年的世界价格作为值项的基础,在1957—1959年间日本平均每年的生产据估算是每英亩274美元,而印度是每英亩33美元。

近3,600万英亩!),在农业中就业的劳动力减少了大约五分之二。因此,农业劳动生产率的提高几乎是工业的三倍。目前还看不到美国农业的终点,这主要是由于农业的成功确实使它因过多的资源而陷入严重的失衡,这些资源主要由生产农产品中使用的劳动力组成。美国农田的自然赋予是广阔的,其中许多土地是肥沃的,这当然是事实。但是,自然条件向来如此。美国的拓居实际上早在第一次世界大战前就基本完成,随后便进入了农业生产根本没有什么增长的时期。第一次世界大战期间所作出的许多扩大农业生产的努力清楚地表明,农业的扩大是困难的。1917—1919年的农业产量仅比1910—1912年增加了6%。到30年代初,农业生产才开始上升,这时农业科学缓慢的、累积性的进步对生产的影响日益重要起来。通过农业推广活动和更多地办教育来向农民进行投资,使得农民能够采用并有效地使用现代生产要素。

但是,要从上述有关农田和来自农业的增长的论述得出"农业中土地的有效配置与作为土地一部分的建筑投资都算不了什么"这样的结论,那就错了。现在普遍存在的对地租的压抑削弱了它对土地配置的作用,而且,正如以后将要看到的,这还会带来许多损害。然而,如果从本书提出的农业增长问题的背景中得出这样的推论:农业中使用的物质要素质的改进和农民能力的提高要比土地重要得多,那就正确了。

另一种研究农业增长问题的方法比前两个问题中提到的方法都更加适用于分析,这种方法是要确定通过增加农业中使用的再生产性要素的存量所能带来的增加的收入流的价格。在运用这种研究方法时,为了简单起见,我们假定只有两种类型的农业社会。

在一种社会里,农业生产完全以长期存在的传统生产要素为基础。在另一种社会里,使用了某些现代农业要素,而且正在采用一些追加的要素。这样,第一种模型中的假设就是,从农业生产中增加收入的唯一源泉是增加已使用了许多年代的同种传统生产要素的数量。这种模型所包含的假说是,由这种来源所增加的收入流的价格是比较高的,它如此之高,以至于对进行这种农业要素投资的储蓄毫无刺激。另一种模型可以用来考察那些从农业中得到巨大增长的地方的农民的行为,它包含的假说是,从这种来源增加的收入流的价格是比较低的。

因此,关键的经济问题就是:在什么条件下,对农业的投资是有益的?从以上的论述来看,这就意味着,除非农民有机会并得到刺激去改造其先辈的传统农业,否则对农业的投资就是无利的。

第二章 传统农业的特征

　　本书的研究方法是要解释受传统农业束缚的农民的生产行为，然后确定通过投资来改造这种类型的农业是否有利。所作的假设是：当农民局限于使用传统生产要素时，他们会达到某一点，此后，他们就很少能对经济增长作出什么贡献，这是因为要素的配置很少有什么改变后可以增加当前生产的明显的低效率；还因为用于增加传统要素存量的投资是代价高昂的经济增长源泉。这两个命题，即要素的有效配置和边际投资的低收益率，将形成可以由事实验证的假说。另一个假设的大意是：存在着另一类农业要素，这些要素将是较廉价的经济增长源泉。在采用这种研究方法时，首要问题是：传统农业的基本特征是什么？

　　这时，人们马上会想到的情况是，农业经营是以长期形成的社会习俗为基础的一种生活方式。这种观点认为，传统农业基本是某个特定民族生活方式的一种文化特征。另一幅图像集中表现在：与土地所有制相关的制度结构，租佃的法律基础，以及为家庭消费而生产等方面。还有一种看法着眼点放在农业生产要素的技术特征上。那么，基本的特征是什么呢？毫不奇怪，不能根据文化特征、制度结构或生产要素的技术特征来严格表述传统农业这一经济概念。只要对这些特征作一点简单的考察，就会使这一点更加清楚。

第二章 传统农业的特征

区分开以血缘关系为基础的、即氏族的社会和其他类型社会在许多方面是非常有用的。经济学家似乎总认为,农民当然属于一种氏族社会。但是,有许多农民是一个以非血缘关系为基础的社会即一般所说的"都市"社会的成员。氏族社会和以传统要素为基础的农业生产是两个独立的范畴。在把这两个范畴应用于同一社会时,它们有时一致,有时不一致。就大多数情况而言,可以说一个氏族社会总是存在传统农业。然而,氏族社会与传统农业并不一定一致,而且,绝不是所有的传统农业都存在于氏族社会里。正因为这一原因,氏族社会的文化特征就不能为鉴别传统农业提供可靠的基础。

人们经常把贫穷社会中农业的弱小性归咎于特定的文化价值观。这些价值观与工作、节约、勤劳和对更高生活水平的追求是相关联的。人们常用这些因素来解释为什么经济进步如此微小,以及为什么特定的经济发展计划实际上总不成功。但是,一般来说,并不必去求助于这种文化价值观方面的差别,因为一种简单的经济解释就足以说明问题了。

首先来考虑对工作的态度。人们总是说,贫穷社会里的人民不愿意长时间辛勤地工作。假定他们偏好空闲。这样,与这种空闲相关的"闲暇"就应该比更多地干活才能实现的生产增加更为宝贵。由此得出的推论是,这些民族对这种空闲的评价很高。但是,这里没有考虑到他们缺乏长时间辛勤工作的精力,以及增加工作所能得到的边际收益低下。这种观点的另一种变种论述了教育对受过某种教育的人从事农业体力劳动意愿的影响。据说,即使只受过微不足道的教育,也会使贫穷农业社会中的年轻人厌恶农业劳动。但是,提出这些看法的人一般都没有指出受过某种教育的人在从事农业劳动与从事其他劳动的收入上的差别。① 虽然某个阶级或社会等级结构影响着劳动的选择与流动性,还影响着一个经济对变化着的经济条件的适应能力,但不能由此得出结论,属于从事农业劳动的阶级或社会等级的人都爱好空闲。可能的情况是,对各种农业社会而言,劳动的偏好和动机基本上都是相同的。如果是这样的话,那么,传统农业并不是某种农民偏好游手好闲的结果,相反,游手好闲似乎是边际劳动生产率低下的结果。

关于人们在节约方面的差别,也存在着许多混乱。据说在贫穷而停滞的农业社会里,缺乏节约的品德,而这是由于这些社会农民的文化特征所造成的。他们简直不能积攒足够的钱。为什么不能呢?他们被设想成是受到某些特殊文化约束的人,以致使他们沉湎于许多挥霍性消费,特别是在婚丧大事和逢年过节时更是如此。我们应该问,他们怎么又能忍受命里注定的那种简陋而单调的生活呢?认为所有这些都是"挥霍式的消费"是一种离奇的语言混乱。不应该忽视另一种完全相反的观点,即农民是非常节省的,他们允许自己所进行的消费总是十分节省,特别是当他们考虑到子女的福利时更是如此。

---

① 参看库苏姆·奈尔(Kusum Nair):《死亡中的繁荣》(伦敦,杜克沃奇出版社,1961年),第21章,在全书的其他地方也多次提到这一问题。该作者用一年时间走遍了印度的农村。她是一个机智而敏锐的观察者,而且可贵的是,她写得非常清晰。无论如何,这是本值得一读的书,在她评论教育和对体力劳动的态度时,已经肯定了(农业和渔业中的)体力劳动与其他工作的收入差别。此外,在评论某些阶级耕种者不能利用灌溉的水时,她还提出了一个没有作出回答的问题:把这种水的成本同使用这种水所得到的收益进行对比会有什么结果?

但是,可以把节约直接作为一种经济行为。问题是:对农民把其微薄的收入更多地用于储蓄给予什么奖励呢?本书研究所提出的假设是:当把这种储蓄投资于传统生产要素时,这种储蓄的收益率是非常低的。如果这个假设符合事实,那么对储蓄就几乎没有什么吸引力。

在批评贫穷社会中人们的经济行为时,一般非常强调勤劳的美德。这就意味着把所假设的对空闲和挥霍性消费的爱好作为一种可信的象征,表明了这些人不够勤劳。在这方面,认为贫穷社会的人民缺乏新教徒道德中的经济美德曾是很时髦的。关于所考虑的经济行为差别根源的这种观点是一种幼稚的文化差别论。例如,在谈到包括工作和节约在内的勤劳问题时,即使是一个勤劳的新教徒也很难去责备索尔·塔克斯(Sol Tax)在《一个便士的资本主义》一书中所详细而全面地描述的危地马拉印第安人的行为。①

从这些看法中所得出的含义并不是文化差别无关紧要,而是可以把与经济活动相关的工作、节约和勤劳方面的差别作为经济变量。并不需要求助于文化差别来解释特定的工作与节约行为,因为经济因素就提供了令人满意的解释。促使这些人去做更多的工作的刺激是微弱的,因为劳动的边际生产率非常低;促使这些人进行更多的储蓄的刺激同样也是微弱的,因为资本的边际生产率也非常低。

因此,虽然在考察某些重要问题时,文化特征是有用的,但文化特征并没有为区分传统农业与其他类型的农业提供一个基础。

---

① 参看本书第 36—39 页和第 77—80 页的更深入的讨论。

同样,这种基础也不在于特定的制度结构的差别,例如,农场是处于居住所有制之下还是处于不在所有制之下,农场的规模是大还是小,农场是私人企业还是政府企业,生产是为家庭消费还是为了销售。虽然这些制度结构并不是传统农业的关键所在,但它们在确定如何通过投资来实现农业现代化时却是重要的。因此,在以后的一些章节中我们将详细地考察这些问题。前面我们还提到了资本和劳动的技术特征。但是,因为传统农业和农业中使用的多种耕作技术和资本品都可以相适应,所以农业要素的这些技术特征在这方面与以上所说的文化特征和制度结构是相同的,即它们不能为确定什么是传统农业、什么不是传统农业提供一个令人满意的基础。

一个经济概念

在本书的研究中,传统农业应该被作为一种特殊类型的经济均衡状态。从事后的观点来看,假定存在特定的条件,农业就会在经历一段长时期后逐渐达到这种均衡状态。从预期的观点来看,现在仍不属于这种类型的一个农业部门,在同样的条件下,在长期内最终也会达到以传统农业为特征的均衡状态。无论在历史上还是在未来,作为这种类型均衡状态基础的关键条件如下:1)技术状况保持不变,2)持有和获得收入来源的偏好和动机状况保持不变,以及 3)这两种状况保持不变的持续时间足以使获得作为收入来源的农业要素的边际偏好和动机同作为一种对持久收入流投资的这些来源的边际生产力以及同接近于零的纯储蓄达到一种均衡状态。

弄清楚在传统农业这一概念中作为变量的经济组成部分也是重要的。在达到这种类型均衡状态的过程中,物质生产要素的存量和劳动力是主要的变量。再生产性物质要素存量的构成和数量可以通过投资和负投资来加以改变。可以获得并开发新土地,作为土地的一部分的建筑物也可以改变。在达到这种类型均衡状态的过程中,还可以从进一步的分工中得到某些好处。

传统农业所代表的特殊经济均衡状态是以构成再生产性生产要素供给基础的技术状况,构成对收入来源需求基础的偏好和动机状况以及在一定时期内这两种状况保持不变为基础的。就技术状况而言,以下事后的说明是基本的。农民用的农业要素是自己及其祖辈长期以来所使用的,而且在这一时期内,没有一种要素由于经验的积累而发生了明显的改变。也没有引入任何新农业要素。因此,农民对其所用的要素知识是这个社会中世代农民所知道的。长期以来,没有从试验、错误或其他来源中学到什么新东西。所以,技术状况是不变的,这一点符合古典学派的假设,然而在研究现代经济增长中,这是一个经常被滥用的假设。

虽然知识是技术状况的一部分,它通过言传示范由上一代传给下一代,但这并不意味着,传授下来的知识不是可靠的知识。一般说来,限于使用传统农业要素的农民比那些采取并学习使用新生产要素的农民更确信自己对所使用的要素的了解。农民所真正关心的是体现了知识进步的要素中所固有的新型风险和产量的不确定性。对那些生产如此之少,以至于生产仅够维持生存的农民来说,这种风险和不确定性是非常重要的。但是,因为传统农业没有引入新要素，新风险和不确定性的成分就不存在；只是在开始改造传统农业时，这种新风险和不确定性才会产生。这里关键的问题是：在传统农业的情况下，技术状况实际是已知的、确定的、不变的，而且，再生产性要素的供给价格随着这些要素数量的增加而上升。

如果只是因为要设想出能改变基本偏好和动机的发展是困难的，那么所考虑的基本偏好和动机可以长期保持不变则很值得怀疑。因为随着农业接近于传统农业的特殊均衡状态，追加的农业要素投资的边际生产率就会继续下降。这时就会达到一点，在这一点上收益率如此之低，以至于对用于这些要素的追加投资的储蓄毫无刺激。根据前面的论述可以看出，此时不会再引入新农业要素，而对所使用的全部要素的生产率在长时期内为已知。相应的对农业投资的边际收益率实际上也完全为已知，这种知识状况存在的时期之长足以在储蓄和投资之间，或者说在对作为收入来源的农业要素的需求与供给之间形成一种均衡状态。

如何改造传统农业？

一旦传统农业已经确立，它是一种长期的均衡状态、不容易发生变化呢，还是一种暂时的均衡状态呢？在考察这一问题时，首先考虑除了技术状况和偏好状况的变化以外的因素是合适的。

如果农产品的价值提高了，农业要素的边际收益就会增加，这会引起对农业要素的某种追加投资。新运输设施减少了把农产品运送到最终消费者手中的成本，也可以有同样的作用，即在一定程度上提高了农产品价值并相应增加了对农业要素的投资。灌溉设施，或任何一种农民购买的农业要素成本的下降都能引起类似的变化。但是，在这一切之中，如果农业技术状况仍然不变，传统农业特殊均衡性质的恢复只是时间问题。

如前所述，构成对收入流来源需求的基础的偏好和动机看来是非常稳定的。由于在本书研究中以后将要考虑的原因，这种偏好和动机对多种不同的社会都基本是相同的。但是，技术状况是另一回事。在解释现代经济增长中，无论这种增长是来自农业，还是来自其他经济部门，技术状况无疑是一个关键的变量。

很可能的情况是传统农业对现有技术状况的任何变动都有某种强大的内在抵抗力。传统农业的概念就意味着，对所有生产活动都有长期形成的定规。引入一种新生产要素将意味着，不仅要打破过去的常规，而且要解决一个问题，因为新要素的生产可能性要取决于还不知道的风险和不确定性。因此，仅仅采取新要素并得到更多的收益是不够的；必须从经验中了解这些要素中固有的新风险和不确定性。以后要提出并证明的与这一问题相关的假说是，从事传统农业的农民接受一种新生产要素的速度取决于适当扣除了风险和不确定性之后的利润，在这方面，传统农业中农民的反应和现代农业中农民所表现出来的反应相类似。

一 个 难 题

假定通过更好地配置现有传统生产要素的存量并不会有很多追加收入是正确的。这个假设并不排除从这个来源也可以得到某些小量的收益,但是,它意味着,这方面的增长机会是次要的。①再假定,增加某些传统生产要素存量的投资只能产生非常低的收益率也是正确的。② 此外,也可能还有某些不完全性妨碍资本"市场"发挥作用,这种不完全性可以得到纠正,而且,如果纠正了不完全性,就会出现某些追加的投资。但从这些措施中所得到的收入增加并不能为经济增长广开门路。最后,再假定在其他社会里有一些再生产性生产要素,这些要素不同于某个社会所依靠的传统要素,这些差别使得它们生产率更高而且更有利。为什么现在依靠传统农业的农民不利用这些生产率更高而且更有利的要素呢?

构成这个问题的难题使人们对危地马拉帕那加撤尔(Panajachel)的情况更加不理解,在下面和以后几章中我们将详细考察这个社会的情况。在那里,人们显然正在辛勤劳动,厉行节约,并迫切地要出售自己的谷物,租用土地,以及为消费和生产而购买物品。这个社会并不是一个自给自足经济,而是与一个更大的市场经济紧密地结合为一体。但是,更好的工具和设备并没有取代锄

---

① 甚至在非常发达的国家里,也有许多不合理的资源配置,像近年来智利的情况就是这样,在这些国家,消除这些不合理的配置"只可以提高15%的国民福利"。这是阿诺德·C.哈伯格(Arnold C. Harberger)从其对智利经济的研究中得出的结论,见《更有效地使用现有资源》,载《美国经济评论》(论文与记录),第49期(1959年5月),第134—146页。

② 虽然在技术上智利经济远非贫穷,但另一些有关智利的资料在说明可以用投资的低收益率来解释工业部门的缓慢增长方面是很有启发的。汤姆·E.戴维斯(Tom E. Davis)估算了"1929—1959年间圣地亚哥股票交易所307家主要贸易公司普通股票的平均投资收益率(包括资本收益)",发现这些公司股东的(实际)收益率仅仅是每年2%。参看《拉丁美洲经济的资本收益率:关于智利的专门资料》,收入为南美经济发展听证会准备的证言,1962年5月10—11日,美国国会经济联席委员会美洲间经济关系分委员会。

头、斧子和砍刀。这里甚至连一个车轮也没有。化肥并没有取代或补充作为肥料的咖啡叶子。杂交种子也没有取代传统的玉米品种。产肉和蛋更多的良种鸡仍然没有取代传统的种鸡。为这个社会服务的城镇商人和企业没有提供任何一种供销售的优质要素。如果谁想使一个像帕那加撒尔那样的社会在它所依赖的技术状况没有任何改变的情况下持续几十年，那么，他就会发现，在危地马拉市场经济的范围之内，这是不可能的。但是，帕那加撒尔在这方面却世世代代做出了"不可能的事"。这的确是一个难题。

第三章 传统农业中生产要素配置的效率

贫穷农业社会中人们的经济智慧总是受到非议。人们普遍认为,从资本的收入看,他们只把收入的很少一部分用于储蓄和投资;他们不注意价格的变化;而且他们总是忽视正常的经济刺激。由于这些和其他原因,人们常说,这些人在使用其所拥有的要素时做得很糟。但是,这些看法正确吗?本章的目的就是要研究传统农业中的农民配置其所拥有的要素时的效率。

经济效率的假说

如前所述,存在着许多贫穷的农业社会,在这些社会里人们世世代代都同样耕作和生活。产品和要素的变化并没有进入这些社会。对他们来说,消费和生产都不会增添什么新花样。通过长期的经验,他们熟悉了自己所依靠的生产要素,而且正是在这种意义上,这些生产要素是"传统的"。在所拥有的要素数量、种植的作物、使用的耕作技术和文化方面,这些社会之间显然是不同的,但它们有一个共同的基本特征:许多年来,它们在技术状况方面没有经历过任何重大的变动。简单来说,这就意味着,这种社会的农民年复一年地耕种同样类型的土地,播种同样的谷物,使用同样的生

第三章 传统农业中生产要素配置的效率

产技术,并把同样的技能用于农业生产。为了考察这些农民配置生产要素的行为,我们提出下列假说:

在传统农业中,生产要素配置效率低下的情况是比较少见的。

在这种情况下,生产要素由传统要素组成,而且这一假说仅限于特定社会的人民所拥有的要素。还应该明白的是,并不是所有的贫穷农业社会都具有传统农业的经济特征。有一些社会因为容易发生变化而不包括在内。任何一个经历了重大变化但还来不及全面进行调整的社会就不包括在内。一般说来,当修建了一条新公路或铁路时,一个受到影响的社会要适应这种情况是需要一定时间的。一条新大坝、一些灌溉渠道以及控制洪水和减少水土流失的建筑都会扰乱受到影响的社会的经济秩序。一次严重的自然灾害——一次洪水或一次干旱,继之以饥荒——很可能是失衡的根源。还应该把某些贫穷的农业社会排除在外,因为这些社会发生了重大的政治变动,例如,分裂、强征许多人入伍,或战争对人力和非人力资源的破坏引起的政治变动。由于影响贸易条件的外部发展而引起的产品相对价格的重大变动也会打乱某个特定社会平静的经济生活。在现代,破坏农业社会均衡状态的最主要力量是农业中所应用的知识的进步。任何一个正在调整自己的生产使之适应上述发生的种种情况的贫穷农业社会,都不包括在可以使用有效而贫穷这一假说的传统农业之中。某些社会由于在生产中作出了重大调整而不包括在适用这一假设的传统农业中这一事实并不意味着,他们在作出调整中必然是低效率的。当然,对那种情况的检验是不同的。

无论想要检验还是考察上述假说的含义,都必须区分用于当前生产的要素存量的有效配置和增加这种存量的最佳投资率。在目前这个阶段，在运用这个假说时假定投资收益率为既定，而且无论这个收益率是高或低；又假定要素总存量每年只能有少量增加，这样做会方便些。因此，收益率既可以高，也可以低，或者说，如果你愿意的话，也就是增加的收入流的价格既可以贵，也可以贱。在现行投资收益率为既定的情况下，现在这一假说只与当前农业生产中现有要素的配置相关。投资问题将在以后考虑。

谈一谈这一假说的几点含义可能是有益的。主要的含义当然是依靠重新配置受传统农业束缚的农民所拥有的要素不会使农业生产有显著的增加。紧接着的含义是，所种植的谷物的配合，耕种的次数与深度的大小，播种、灌溉和收割的时间，手工工具、灌溉渠道、役畜与简单设备的配合——这一切都很好地考虑到了边际成本和收益。不言而喻的是重要的不可分性还没有出现。产品和要素的价格看来也是可变的。另一种含义是，一个外来的专家，尽管精于农业经营，但他绝找不到这里的要素配置有什么明显的低效率之处。在这些假说的任何一种含义都与所观察到的、相关的事实相矛盾的范围内，这里所提出的假说就可能值得怀疑。

不要忘记一个外来专家所能做的有用的事是超出对现有要素的配置，但应该强调的是在检验这一假说时，不允许改变社会所拥有的生产要素的技术特征，也不允许提供关于其他社会已有的优质要素的新的有用知识，即不允许提供比原先的成本少的这种知识。这样做将会改变寻找有关其他经济机会的信息的成本和收益。显然,进行这种检验时是排除了由专家引入良种和其他技术上优越的投入品的。如果外来的专家在这些方面成功了,他就会改变既定的均衡状态,这种均衡状态体现了这里研究的社会的经济活动特征。

这个假说还有另一种含义,这就是没有一种生产要素仍未得到利用。在现有技术状况和其他可利用的要素为既定的条件下,每一块能对生产作出纯贡献的土地都得到了利用。灌溉渠道、役畜和其他形式的再生产性资本都是这样。此外,每一个愿意并能作一些有用工作的劳动力都就业了。当然,设想农业中有一些来自国外的技术条件妨碍了"充分"就业也是可能的。也可以想象工人会如此之坏,以至于彼此相互碍事。还可能存在着生产要素的不可分性。但是,这些看来都是无关紧要的,因为在这种农业社会中并没有发现上述情况。最近的学说认为,农业生产活动经常是这样的情况:有能力的工人不能对生产作出什么贡献——即一部分农业劳动力的边际生产率是零——我们在下一章将要考察这一学说。关于有效而贫穷的假说并不意味着劳动的实际收入(生产)不是贫乏的。收入少于维持生活的必需与这一假说并不矛盾,这是以存在着其他收入来源为条件的,这种收入可能是来自于属于工人的其他要素,也可能是来自于家庭之内或社会上家庭之间的转移。

在转向现实世界去检验这里所提出的假说时,主要的困难是缺乏有用的资料。作出任何一种可能是不充分的估算并把这种估算纳入科布—道格拉斯型生产函数的倾向一般总是完全浪费时间。幸而有些长期研究这种类型的特殊社会的社会人类学家勤奋地记录了产品和要素的价格,主要经济活动的成本和收益,以及生产、消费、储蓄和投资所借以进行的制度结构。以下进行的两个这种研究——一个是关于危地马拉的印第安人社会,另一个是关于印度的一个农业社会——特别有用而合适。现在就根据以上所提出的假设来考察这两个研究。

危地马拉的帕那加撤尔:十分贫穷而有效率

索尔·塔克斯所进行的经典性研究,《一个便士的资本主义》,①是用这样的话开头的:这是"一个微型的'资本主义'社会。这里没有机器,没有工厂,没有合作社或公司。每个人就是自己的企业并辛勤地为自己干活。只有小额货币;存在着靠自己运送物品的贸易;自由企业家、没有人性的市场、竞争——这些都存在于乡村经济中。"塔克斯确信,这个社会是非常贫穷的,它处于强大的竞争行为之下,并且确信这个社会的 800 个人充分利用了自己所掌握的大部分要素和生产技术。②

没有一个人不为这些人的异常贫穷而惊讶。塔克斯这样描述了他们的贫穷:他们"缺医少药,居住在几乎没有家具的肮脏茅棚里,只能用炉灶来照明以至于弄得满屋子都是烟,也许还用油松火把或是一盏洋铁皮做的小煤油灯照明;这里的死亡率很

---

① 这本书最早发表在史密森(Smithson)研究院社会人类学研究所的《公报》第 16 期上(华盛顿,美国政府出版局,1953 年),芝加哥大学出版社重印,1963 年。
② 为这一研究确定基调的资料所包括的时期是 1936—1941 年。塔克斯教授从 1935 年秋季到 1941 年夏季生活在这个社会里(参看他的前言)。

高;他们缺乏食物,大部分人每周吃不起半磅肉……这里几乎没有学校;农田里的活计离不开孩子们的劳动……生活的主要内容就是从事艰苦的劳动。"①塔克斯提供了许多衡量消费品和生活水平及费用的资料来充实对这个社会贫穷状况的淋漓尽致的描述。

这个社会到处存在产品和要素的定价的竞争。"一切家庭用品——陶器、磨石、篮子、葫芦制成的容器、瓷器等等——特别是所有的家具,诸如桌子、椅子和草席,都必须从其他城镇运来。许多穿着用的东西,诸如做裙子和上衣的材料、帽子、凉鞋、毛毯、手提包,以及编织其他东西的棉花和线必定也是这样。大部分基本食物:大部分玉米,所有的橙子、盐和调味品,大部分辣椒,以及大部分肉食……也必定是这样。他们依靠出售农产品来得到货币……主要用于销售的商品是,洋葱和大蒜,大量的水果,以及咖啡。"②从各方面说,价格都是非常灵活的。

塔克斯继续提供了这样的事实,印第安人"首先是一个企业家,一个商人",他总是在竭力寻求哪怕能赚到一个便士的新途径。他购买自己能买得起的东西时非常注意不同市场上的价格,他认真地计算其生产用于销售或家庭消费的谷物时自己劳动的价值,并与受雇工作时的情况加以比较,然后根据计算与比较再行动。他机灵地注视着出租或典当一块土地的收入,而且,在得到从别人那里买来的少量生产资料时,他也是这样做。所有这些商业活动,

---

① 参看塔克斯的书,第 28 页。
② 同上,第 11—12 页。

"都可以作为,在一个非常发达的、倾向于完全竞争的市场条件下,由一个既是消费单位又是生产单位的居民所组成的货币经济的特征"。①

这种经济适应于一种看似稳定实际是静态的常规方式。并不是印第安人从来不寻找新途径来改变自己的命运。塔克斯注意到"印第安人一直在寻求新的更好的种子、化肥和耕作方法"。但是,进步不是经常的,而且他们的努力对生产的影响也非常小。"外国人"对阿替特兰(Atitlan)湖沿岸的某些土地的需求日益增长,但这种发展对印第安人用于种植谷物和建造茅屋的土地的影响甚微。公共汽车和卡车被用于到一些较远城镇的运输,也被用于往来于这些城镇的市场,这是因为汽车运输比步行和搬运物品更"便宜"。到阿替特兰湖附近来旅游的人多起来了,但是,这些对该社会只有几乎觉察不到的影响。②

《一个便士的资本主义》中对这种社会人民行为的仔细描述和许多说明价格、成本和收益的表中所反映出来的各种证据有力地支持这样一种推论:人民在配置当前生产中他们所拥有的要素时是很有效率的。生产方法、要素和产品中都不存在明显的不可分性。在男人、女人或能干活的孩子中,既不存在隐蔽失业,也不存在就业不足,而且对他们之中年龄最小的人来说,也没有零边际产量这种情况。因为即使是年纪很小的孩子也可以到农田干活而作出某些有价值的贡献,所以他们就没有时间去上学。产品和要素

---

① 参看塔克斯的书,第13页。着重号是塔克斯所加。
② 在离别了二十年以后,塔克斯教授偶尔又访问了危地马拉的这个印第安人社会。这次简短的访问的最大印象就是,这里的生活和经济实际上仍然没有改变。

的价格是灵活的。人民对利润作出了反应。在他们看来,每一个便士都要计较。

印度的塞纳普尔:贫穷而有效率

W.戴维·霍珀(W.David Hopper)在《中印度北部农村的经济组织》①中所作的研究描述了世界上另一个地方的经济,该经济在利用其要素时看来也是很有效率的。霍珀和塔克斯同样是作为一个人类学家来着手研究这个村庄的。他像塔克斯一样,在这个社会生活了一段时期并且观察了该社会的文化、社会和其他特征之后,决定主要集中研究这个村庄的经济。

对于人类学学者来说,印度的塞纳普尔和危地马拉的帕那加撒尔之间无疑存在着重要的文化和社会差别。② 在生产和消费水平方面也有某些不同。塞纳普尔虽然不像帕那加撒尔那样贫穷,但按西方的标准来看,它仍然是贫穷的。塞纳普尔有一所从一年级到五年级的学校,直至前不久,它仍然主要是为比较有特权的种

---

① 这是一篇1957年6月在康奈尔大学提出来的博士论文,还未发表。塞纳普尔村位于恒河平原。在进行研究时,这个村有1,046英亩土地和约2,100口人。霍珀从1953年10月到1955年2月住在塞纳普尔村。

② 例如,塞纳普尔有长期形成的种姓制度,而危地马拉社会在家庭社会地位的上升与下降方面有其独特的灵活性。在塞纳普尔,有特权的种姓家庭,主要是查库(Thakur)家,可以把其财产、特权和社会地位保持许多代。塔克斯发现,在危地马拉社会里,婚姻打破了财产界线,而在经济和社会方面有很大的流动性;这样,把上层家庭与其他家庭区别开来的社会与经济差距并不明显。因此,在《一个便士的资本主义》中所看到的这些家庭,由于有很大的流动性,即使是从这一代到下一代,财产状况也在发生着变化。

姓服务。"生产用的"牲畜的数量出人意料地多:有270头奶牛和水牛,480头在农田干活的公牛。资本存量包括了灌溉用的水井、渠道、蓄水池、挖掘工具、犁、切草机和一些小型设备。塞纳普尔比危地马拉的社会有更多的专业人员:挖井工、陶工、木匠、制砖工、铁匠等等。但是,总的来说,塞纳普尔是贫穷的。

霍珀仔细考察了塞纳普尔人民所拥有的生产要素。印度这一带地区的特征是有良好的自然资源,无论在该社会之内,还是该社会之外,都有大量可用于生产和消费的再生产性资源。霍珀还描述了通过已建立的产品和要素市场所表现出来的竞争力量的行为。

霍珀对其研究的一个重要部分作了这样的概括:"到过塞纳普尔的人都不得不对农民利用自己物质资源的方式感到惊讶。古老的技术靠着世世代代的实际经验得以精益求精,而且每一代似乎都有有经验的人在技术上和实践上作出某种改进,从而社会经验知识也改进了。轮作制、耕种法、种子品种、灌溉技术,以及在力气小而且材料次的不利条件下铁匠和陶工的干活能力,这一切都保留着丰富的实际经验和文化才智积累的痕迹。"然后,霍珀向自己提出了这样一个问题:"塞纳普尔的人民实现了自己的物质资源的全部潜力了吗?……从村民的观点来看,回答应该是肯定的,因为一般说来每个人都竭尽了自己在一定知识和文化背景下的最大努力。"[①]

幸运的是,霍珀所收集的资料允许自己对所考虑的要素配置

[①] 参看霍珀的书,第161页。

第三章 传统农业中生产要素配置的效率

假说进行严格的检验。[①] 他的办法是,通过资料所揭示的要素配置决策,确定暗含于其中的一组产品和要素的相对价格。在从农民的生产活动中所暗含的价格来确定农民要素配置的效率时,霍珀把大麦的价格作为计算单位。他从要素配置的角度,根据大麦的暗含价格来估算每一种产品,在大麦为 1 时,小麦是 1.325;豌豆是 0.943;绿豆是 0.828。每种要素暗含的价格是根据其在生产中的使用,按平均产品价格及其标准误差来估算的,结果如下:[②]

	大麦	小麦	豌豆	绿豆	平均
平均价格	1.00	1.325	0.943	0.828	
要素价格	生产中使用的要素量				
土 地	4.416	4.029	4.405	4.845	4.424
(英 亩)	(1.056)	(0.855)	(1.185)	(0.857)	
公牛时间	0.0696	0.0716	0.0820	0.0834	0.0774
(小 时)	(0.0116)	(0.0098)	(0.0180)	(0.0156)	
劳 动	0.0086	0.0097	0.0087	0.0076	0.0086
(小 时)	(0.0026)	(0.0037)	(0.0021)	(0.0030)	
灌溉用水	0.0355	0.0326	0.0305	0.0315	0.0325
(750 加仑)	(0.0122)	(0.0078)	(0.0111)	(0.0234)	

霍珀从这些资料及其检验中推论出:"各种价格的估算之间显然是非常一致的。看来由典型农户所作出的平均要素配置在现存

[①] 霍珀:《一个典型印度农场的资源配置》,芝加哥大学农业经济研究所,第 6104 号论文(1961 年 4 月 21 日,油印本)。
[②] 霍珀:《传统印度农业的要素配置效率》,载《农业经济学杂志》。

技术关系的范围内是有效率的。没有什么证据可以说明,在农村依靠传统的资源和技术时,通过改变现在的要素配置能使经济的产量得到提高。"

对那些有市场价格的产品和要素来说,暗含的价格与市场价格是接近一致的。这些价格如下:

产品或要素	相对的大麦价格(卢比)	按大麦价格进行调整(卢比)	实际市场价格(卢比)
大麦(10万担)	1.00	9.85	9.85
小麦(10万担)	1.325	13.05	14.20
豌豆(10万担)	0.943	9.29	10.40
绿豆(10万担)	0.828	8.16	10.85
土地(英亩)	4.424	43.57	8.00—30.00 (只是现金地租)
公牛时间(小时)	0.0774	0.762	没有得到资料
劳动(小时)	0.0086	0.085	0.068 (只是现金与实物)
灌溉用水(750加仑)	0.0325	0.321	没有得到资料

除绿豆外,这些产品的暗含价格同实际市场价格都是接近一致的。霍珀观察到,就绿豆的情况而言,对价格正在上升的绿豆的市场反应有些落后;在霍珀研究的资料的前三年,绿豆的相对价格一直在上升。这一重要的研究成果说明了,"市场价格与暗含价格是十分接近的"。塞纳普尔人民对所得到的生产要素作出了有效的配置,因此,这种检验有力地支持了本书所提出的假说。

第三章 传统农业中生产要素配置的效率

结 论 与 含 义

  有关帕那加撒尔和塞纳普尔当前生产中要素配置的资料同本章开头所提出的假说是一致的。然而,重要的是要注意到,在得出这两个社会的要素配置没有什么明显的低效率之处这一结论时,要素的概念中所包括的内容超过了一般定义中所说的土地、劳动和资本。这一概念还包括了技术状况,或者说是生产技术,这是人们的物质资本、技能和技术知识的一个组成部分。换言之,抽象掉技术状况就不能说明要素。根据这种全面的要素概念,这个社会之所以贫穷是因为经济所依靠的要素在现有条件下无法生产得更多。反过来说,在这些简单化的条件下,所看到的贫穷状况并不是要素配置有什么明显的低效率而造成的。

  虽然不可能证明这两个社会是大多数贫穷农业社会的典型,但设想它们的代表性看来是非常合理的。而且,这种合理性得到了事实的支持,这一事实就是所考虑的假说看来符合对这类社会所作的广泛的其他经验研究。约翰·洛辛·巴克(John Lossing Buck)对中国农业经济所作的著名研究[1]和彼得·T.鲍尔(Peter T.Bauer)与巴兹尔·S.耶迈(Basil S.Yamey)引用的许多事例[2]都同样支持了这一看法。然而,对所有这些资料进行全面的考察已经超出了本书研究的范围之外。

---

  [1] 巴克:《中国的农业经济》(芝加哥,芝加哥大学出版社,1930年)。
  [2] 鲍尔和耶迈:《不发达国家的经济学》,剑桥经济学手册(芝加哥,芝加哥大学出版社,1957年),第6章。

这一假说所依靠的经济前提及其得到经验事实支持保证了我们可以把这一假说作为一个广泛运用的命题。这一假说本身有许多含义，其中有些我们已经说过了。

文盲意味着什么？人民是文盲这一事实并不意味着，他们在配置自己所拥有的要素时对边际成本和收益所决定的标准反应迟钝。人民是文盲只表明，人的因素所具有的能力小于他们获得了与教育相关的技能和有用知识时所应具有的能力。虽然教育可以极大地提高人的因素的生产率，但它并不是有效地配置现有要素存量的前提。有一种看法，认为这些贫穷农业社会没有足够的精明强干的企业家利用现有要素作出令人满意的成绩，这十之八九是错误的。在某些情况下，这些企业家可能要服从于引起要素配置低效率的政治和社会限制，但是这种限制对生产的不利影响完全是另一回事。

还有另一个结论与一种广为流行的观点相反，这种观点认为这些社会的农民对改变其支配的要素存量的发展没有作出反应。这种观点还认为，农民没有适应产品和要素相对价格中的变化。如果真是这样的话，那就无法相信除了纯粹的偶然外，这些社会的要素配置总是基本上有效率的。而且，霍珀和塔克斯都明确指出，这些农民会作出反应。可以这样来提出问题：如果建成了一条新灌溉渠道或者得到了某种作物的新良种，他们会作出反应吗？雷杰·克里斯娜（Raj Krishna）关于二三十年代期间印度旁遮普邦（Punjab）农民对供给的反应这一开创性研究[①]指出，这里的农民

---

① 克里斯娜：《旁遮普邦（印度—巴基斯坦）农户对供给的反应：对棉花的一种研究》（未发表的博士论文，芝加哥大学，1961年）。

第三章 传统农业中生产要素配置的效率

在棉花生产方面适应的时间间隔和美国的棉农差不多。不管他们适应经济条件变化的速度如何，与这种分析相关的重要事实是，他们的确能作出反应。由此可见，很久以前这种社会基本实现了有效地配置其所拥有的要素，所以它能在许多年来一直过着平静的、墨守成规的经济生活。

还有一组估算是以典型的科布—道格拉斯型生产函数为基础的，这组估算包括了印度的六类农户，它似乎是要说明要素配置效率特别低。厄尔·O.黑迪在世界各地的32个调查表中包括了印度的这六组估算。[①] 这六组包括印度农户的估算主要是根据50年代中期的资料。在这些估算中，每一（单位）劳动成本的边际收益是从0.3到1.78。[②] 对土地来说，成本的边际收益所包括的范围还要广一些，租用每一（单位）土地的边际收益，最低是0.05，最高是3.60。但是，最极端的结果是关于再生产性物质资本的记录。每一（单位）资本成本的边际收益是从－0.85到6.97。

虽然黑迪提到了这些估算的一些可能性限制，[③]但并没有把这些限制看得十分严重。霍珀对印度塞纳普尔问题资料的仔细研究充分说明了，这种"每月工资率"以及土地的"租金收入"是最不

---

① 厄尔·O.黑迪：《生产技术、生产单位规模和要素供给条件》，在农业与经济增长关系的社会科学研究委员会会议上提交的论文，斯坦福大学，斯坦福，加利福尼亚，第11—12号，1960年。

② 就劳动而言，没有一种估算说明印度乌塔尔普拉迪西（Uttar Pradesh）的小麦种植情况，无疑这种分组有许多不合理之处，因为正是这一组估算说明了对每一（单位）投入品的成本来说，土地的边际收益是2.22，资本的边际收益是6.97。

③ 在这些可能性的限制中，黑迪列举了："(a)说明的重点，(b)总量，(c)代数的形式，(d)抽样，以及(e)其他统计推算方面。但是，我们认为，这些资料尽管只代表了全国农业的一小部分，却提供了一些数量方面的比较。"第35页。

精确的。就资本而言,黑迪说明了"选定资本利率本身就是问题",[①]因为资本利率的大小是"6%—200%"。靠这种资料进行研究的结果没有什么意义是毫不奇怪的。如果说印度的这些农业社会正在经历着迅速的经济增长,而且它们面临着还来不及适应的要素和产品价格的重大变动,那么要素成本边际收益的不一致性就有其合乎逻辑的基础。但是,当时印度还没有发生这种重大的发展。值得注意的是,对所提出的印度六组农户的估算有这样大的变动范围无法作出一种合乎逻辑的解释。如果试图进行解释的话,这种估算结果的不可靠性就明显了。

从大部分贫穷农业社会在要素配置方面很少有什么明显的低效率这一看法中还可以得出另一种含义,这就是无论本国还是外国的有能力的农场经营者都不能向农民说明如何更好地配置现有生产要素。还应该再一次强调的是,这种含义之所以能成立,是在于假定这些有能力的专家仅限于就现有要素向农民提出建议,亦即他们没有通过引入其他要素,包括引入利用这些其他要素的知识来改变增加生产的机会。

最后,还有一种含义是,在这些社会中不存在部分从事农业劳动的劳动力的边际生产率为零的情况。但是,因为这种特殊含义与一种根深蒂固的学说相矛盾,所以下一章就要考察这种学说的基础,并且要说明为什么这是一个关于贫穷农业社会中劳动生产率的错误的经济学概念。

---

① 黑迪:《生产技术、生产单位规模和要素供给条件》,第35页。

第四章 零值农业劳动学说*

构成零值劳动学说的基础是农业中有一些工人对生产没有作出贡献的概念。根据这一概念,尽管这些工人在一年里①干了许多活,但并没有使生产出来的东西有所增加。这种劳动的边际生产率是零。因此,不必作任何其他重要变动,即使这部分劳动力从农业中转移出去也不会减少生产。由此可见,这部分农业劳动力完全是多余的;它是过剩劳动,而且,可以在除了转移费用之外没有(机会)成本的情况下用于工业化。

这个概念并不是建立在工人劳动能力的差异之上。因此,它不同于区分某些地块的"无地租"土地的概念。当然,有一些人是干不了什么活的老弱病残。零值劳动的概念中并不包

---

* 兹维·格里利切斯、戴尔·W.乔根森和安东尼·M.唐(Anthony M.Tang)对本章初稿的评论使我受益颇多。

自从本章写成后,贝德·肯那德加(Berdj Kenadjian)未发表的博士论文:《不发达国家的隐蔽失业》(哈佛大学,1957年)已引起西北大学弗兰克·费特(Frank Fetter)教授对该作者的注意。这篇文章认真而富有批评性地研究了提出"隐蔽失业"的那些人的理论前提,并且广泛地考察了竭力以"估算"来支持这一概念的那些人所用的经验资料。建议任何一个要继续从事这种研究的人去看看肯那德加的研究,其中还包括一份非常有用的有关文献的目录。

① 某些研究者把农活的季节性和一年干的活混淆起来。在分析问题时把这两个概念混在一起是不合适的。农活可能是集中在短期内,例如集中在小麦的生长期。然而,这种劳动的(年)生产率可能和在一年里还需要用更多得多的劳动日来干的其他类型农业劳动的生产率一样高。

括这些人。这一概念只适用于那些愿意工作,能够工作,而且实际上也正在工作的人。这一概念也并不意味着,多余的劳动者没有任何个人收入。然而,这种收入必定或是来源于属于这种工人的其他要素,或是来源于一个家庭内或社会各家庭之间的转移。

鼓吹这一概念的人认为,它主要适用于低收入国家的农业。在这些国家里,有多少农业劳动力属于这种"零值"劳动呢?经常出现的是25%这个数字。① 如果这个数字正确的话,那么有四分之一的农业劳动力在如下的意义上是"自由劳动",即:这种劳动力可用于其他目的(工业化)而不必花费除转移费用外的任何其他成本。这样就产生了一种学说。

这种学说的问题是,它依靠了一种不可靠的农业劳动生产率概念,而且它与任何一种有关的资料都不一致。有些人企图通过把农业说成仿佛服从于某些特殊技术限制来给这种学说一个理论基础;但是,正如以后要说明的,这些限制是如此牵强附会,以至于它们很难经得起批评性的考察。哈维·莱宾斯坦(Harvay Leibenstein)根据以现有食物供给再分配给为数更少的农业工人所提出的分析说明,在某些特殊条件下,剩余劳动力总的有效体力

---

① P.N.罗森斯坦-罗丹(P.N.Rosenstein-Rodan)在1943年的文章中简单地假定在东欧和东南欧"大约有25%的人……处于全失业或部分失业"(《经济学杂志》第53期)。W.阿瑟·刘易斯(W.Arthur Lewis)在1955年说:"根据对印度的详细计算……所得出的结论是,相对于需要来说,至少有四分之一的农业人口是过剩的。"(《经济增长理论》,〔伦敦,阿伦与欧文出版社,1955年〕第327页)

可以得到增加,但正如莱宾斯坦明确说明了的,重要问题根本不在这里。①

下面将简要地考虑这一学说的三个内容:1)它的根源;2)给以理论基础的企图;以及 3)同这一问题有关的某些经验资料。在转而论述这些问题之前,要首先评论贫穷社会中农业的两个基本特征:一般说来,劳动生产率低下,以及在没有其他重大变化的条件下,当较大部分劳动力转移走时,农业生产一般会减少。

很容易看出为什么第一个特征易于使那些习惯于用美元来衡量余量的粗心观察者犯错误。在他们看来,像一分钱这样的余量与零之间的差别充其量也是很难分的。他没有看到仅值一分钱的余量;而在这种经济中,这些余量是实际而有用的。第二个特征实际上证明了这里所提出的推论,即与所研究的概念相一致的零值农业劳动。

区分下列三种经济状态有助于弄清问题:

1. 一种经济状态是:在这种经济中,由于社会所支配的要素的原因,农业中劳动的边际产品非常低,而且,在这种经济中,当适当考虑到转移费用时,农业劳动所生产的与其他部门类似的劳动所生产的同样多。以前所讨论的危地马拉帕那加撒尔的一个便士的资本主义正是这种状态。

---

① 哈维·莱宾斯坦:《经济落后与经济增长》(纽约,威勒出版社,1957 年);莱宾斯坦:《落后经济的就业不足理论》,载《政治经济学杂志》,第 65 期(1957 年 4 月);莱宾斯坦:《对落后经济中就业不足的某些补充说明》,载《政治经济学杂志》,第 66 期(1958年 6 月);以及雅各布·威纳(Jacob Viner):《对"隐蔽失业"概念的某些说明》,载《对经济发展分析的贡献》(里约热内卢,利乌拉利亚·阿希尔出版社,1957 年)。

2. 另一种经济状态是：在这种经济中，农业中劳动的边际产量少于考虑到转移费用后其他部门中类似的劳动的边际产量。这种状态是作为许多现代农业的特征的失衡类型；虽然需要进行调整，但农业中的劳动供给是过剩的。

3. 还有另一种状态：在这种经济中，在农业中工作的部分劳动力的边际生产率为零。

在理解农业问题中，第一种和第二种经济状态是基本的。如前所述，第一种状态在许多贫穷农业社会中具有典型性，因为这些社会处于一种长期均衡的稳定状态。第二种状态主要与增长及其适应的时间间隔相关，它代表了一种根源于经济增长中的失衡状态。这种状态可以持续几十年，目前它在某些农业技术处于领先地位的国家里最明显。在刚刚开始现代化的典型的贫穷农业社会与在这方面最先进的社会之间还有许多失衡的中间类型。但是，这里研究的是第三种经济状态。虽然"零值劳动"的概念有时也被用于分析新的、更好的农业生产要素对农业中劳动边际产品的影响，但在这里仅限于分析在生产技术或非人力与人力资本的数量和形式不变的条件下减少劳动对生产的影响。

"零值劳动"学说的各种根源

这种学说的根源有力地说明了其普遍性与说服力。西方工业国家的总需求不能维持充分就业，这种情况在 30 年代长期而严重的衰退期间显然是真实的，它对许多贫穷的农业国家显然有不利的影响。但是,因为这些穷国主要是农业国,所以它们没有发生明显的大规模失业。① 人们仍然简单地从事农业劳动,于是就引起了这样一种假设:他们之中的许多人必然没有生产出有价值的东西。在国内看到了工业中的大规模失业,因此认为国外农业中零值劳动的存在就是一种相应的情况。尽管第二次世界大战后经济复苏,国内生产大幅度上升,但认为农业中就业的部分劳动的边际生产率为零的信念仍然存在。与此同时,支持这种简单观点的事实根据却由许多试验而动摇。这些试验是想用增加穷国货币供给的办法,以便通过把"零值"的农业工人吸引到生产中来以增加生产,而其结果仅仅是引起了通货膨胀。②

  这种学说的主要根源是一组通过玩弄花招而形成的错误的统计估算(这种花招认为,农业似乎可以组织所有农业工人全年每天干十小时活,当然要除星期日与假日),或是利用了技术比较先进的国家所达到的生产要素的结合和较高的劳动产量,并且把这两个因素的混合应用于贫穷的农业社会。玩弄这种花招的人不懂得农业的季节性这一最重要的基础;他们也没有认识到,少数高收入国家农业中劳动力数量的绝对减少是最近的发展,而且这种情况是通过向农业中引入能代替农业劳动和土地的真正现代化要素才成为可能的。

---

  ① 在以上述第二种经济状态为特征的现代农业中的"就业不足"是作者在《不稳定经济中的农业》(纽约,麦克劳—希尔公司,1945年)中广泛运用的一个概念,特别可以参看第47页和第189—201页。这一概念也被运用到了并不适用的传统农业中。

  ② 舒尔茨:《拉丁美洲的经济试验》,载《纽约州立工业与劳动关系学校公报》,第35期(伊萨卡,康奈尔大学,1956年8月),第14—15页。

支持这一学说的另一个根源是到国外去的农业专家的看法。这种专家记得农业中存在过剩劳动的情况,这是某段时间里西方国家,特别是美国农业的状况。这样的专家在国外看到的农业情况受他关于作为许多现代农业的特征的失衡状态的影响。因此,他认为当农业中有许多工人干活时,他们生产得非常少,而且其中有许多人还经常空闲。他认为农业中的过剩劳动比自己所知道的存在过的情况如美国的更为严重,他认为这种信念是非常有道理的。但是,经济学家在接受农业专家的这一观点时一定要谨慎,因为农业专家还有其他看法。农业专家并不像有些经济学家所习惯的那样把劳动单独挑出来作为贫穷农业社会中唯一"没有得到充分利用"的要素。正是这样的专家认为农业在各方面都是"低效率的"。他们敏锐地指出,对土地的"利用"是不足的,对灌溉设施的利用也是如此。肥料使用得太少,而且所使用的也不是各种土壤营养的最佳混合。对种子、谷物贮藏设施、役畜和设备,都作出了同样的判断。有一点不应弄错,即农业专家并没有问农业社会靠其拥有的要素能生产什么;他所关心的是有关农业现代化的基本问题,这完全是不同的事。

对理论的屈从

农业中部分劳动力的边际生产率为零这一概念的理论基础是什么呢?R.S.埃卡斯(R.S.Eckaus)引入了两个条件,即"要素市场的不完全性"以及"要素的有限技术替代性"。[①] 埃卡斯所考察的

---

① 埃卡斯:《不发达国家的要素比例》,载《美国经济评论》,第45期(1955年9月)。

各种要素市场的不完全性对其论点来说并不是基本的,而且,这些不完全性也不是穷国经济所特有的。他关于农业中零值劳动的例子直接依据的是这一假设:在任何有适用余量的情况下,不存在农业要素技术替代的机会。但是,这个关键的假设确实与事实相矛盾,因为无论在什么地方都没有看到在农业的产品、要素或生产方法上存在着一种可以支持这一假说的必然的、重要的不可分性。瓦伊纳的感觉是正确而清楚的:"我发现,要是认为在其他生产要素的数量及形式都不变的条件下,通过已知的方法,即通过更仔细地选种和播种,更广泛地除草、耕作、间苗和施肥,更辛勤地收割、拾穗和清扫谷物来追加劳动不会使产量有某些增加,这是不可能的。"①

虽然这一学说的理论基础动摇了,但认为把穷国土地上的劳动抽走四分之一不会使农业生产下降的信念仍然存在。②

经验事实的检验

有一种理论看来是依赖于一些牵强附会的假设,但它在解释特殊资料时却是有用的。这样,问题就是:有没有什么仿佛反映了部分农业劳动力边际生产率为零的资料?假定有这样一个贫穷的农业社会,其中劳动力抽走四分之一或略少一些而且没有发生其他重大变化;再假定农业生产仍然没变。这种资料就符合这种理

---

① 瓦伊纳:《对"隐蔽失业"概念的某些说明》,第347页。
② 纳什·艾哈迈德·汉(Nasir Ahmad Khan):《不发达经济中的增长问题》(孟买,亚洲出版社,1961年)。

论。

如果说所有的农业劳动力都是部分时间工作,而且是大部分人在大部分时间工作,那么,它本身并不与这种理论矛盾。如前所述,这种理论不是一种关于季节性失业的理论。哈里·T.奥希迈(Harry T.Oshima)[①]和巴克[②]所引用的关于贫穷社会中收割时期和其他工作繁忙时期农业中缺乏劳动力的许多资料并不是清楚的检验,因为这些资料并没有说明部分农业劳动的边际生产率是不是零。

近几十年来,在某些国家里农业劳动力减少的同时,农业生产增加了,这一事实显然也不能检验这一理论,因为这些发展的基础是现代化与追加的资本。在第一次世界大战期间,农业生产没有什么变化也不能对这一理论作出令人满意的检验,因为这类战争会对经济带来其他严重干扰。[③]

有些地方对追加的非农业劳动的需求突然增大,而且工人离开附近的农场,假如变化发生得如此迅速,以至于来不及用追加的资本来代替抽走的农业劳动,那么就可以用来检验这一学说。这种情况无疑是很多的,但很难得到可靠的资料。观察者

---

① 奥希迈:《落后经济中的就业不足:一种经验的评论》,载《政治经济学杂志》,第66期(1958年6月)。

② 巴克:《中国的土地利用》(芝加哥,芝加哥大学出版社,1937年),第1卷。

③ P.N.罗森斯坦-罗丹:《农业中的隐蔽失业和就业不足》,载《农业经济学与统计学每月公报》,第6期(罗马,1957年7—8月),第5—6页。他说,第二次世界大战期间在德国占领下的波兰有五分之一的农业劳动力被抽走后,农业产量并没有减少。希望他能说出这一说法所依据的资料来源。但是,即使情况是这样,也并不能验证这一理论,因为是战争把强制和灾难性破坏强加在波兰头上的。

得到的有关这种情况的"报告"可能是真实的,但这些报告缺乏公开发表的统计数字那样的魅力。我曾在别的地方描述过两个这种情况。① 秘鲁从阿丹斯(Andes)的东坡到廷格马亚(Tingo Maria)修建了一条公路。为了修建这条公路,从附近的农户(大部分是在能步行的范围内)抽来了一些劳动力。据报告,农业生产随即下降了。在巴西的贝尔霍日中特(Bel Horizonte),城市建设的发展也从附近农村中吸收了一些工人,报告指出,结果农业生产也下降了。

饥荒及其所引起的死亡似乎可以提供必要的检验。但结果是很难弄清农业劳动力中这种饥荒对生产的影响,因为这些影响与饥荒使活下来的人身体衰弱的影响混淆在一起了。然而,1918—1919年的流行性感冒使我们可以检验穷国部分农业劳动力的边际产量为零这一假说。这次传染病是突然发生的。在几周内死亡人数达到了顶点,随后死亡人数迅速下降。这场病没有在幸存者的体质上造成长期衰弱的后果。至少在印度和墨西哥这两个国家里,1918—1919年的传染病夺走了许多人的生命。这两个国家主要都由贫穷的农业社会所组成,它们受到沉重的打击。所得到的关于墨西哥情况的这类资料有力地表明,人口在数量方面显然减少了,结果农业生产也下降了。然而,人们往往由于资料很简单及当时还正在进行土地改革而对此并不相信。但是,在印度并没有进行使事情复杂化的这种改革。

---

① 舒尔茨:《政府在促进经济增长中的作用》,载《社会科学的现状》,伦纳德·D.怀特(Leonard D.White)编(芝加哥,芝加哥大学出版社,1956年),第375页。

根据印度1918—1919年流行性感冒后的情况所作的检验

印度在1918—1919年农村人口的严重损失后维持了自己的农业生产吗?如果是这样,那就与部分农业劳动力过剩的假说相一致。所得到的资料虽然在某些方面是不完整的,但看来仍然可以对这一问题作出一个决定性的回答。

应该记住下列相关的情况。在此前一年,即1917—1918年的收成是英属印度(现在的印度和巴基斯坦)多年来最好的一年。因此,当流行性感冒发生时,按印度的标准看食物是充足的,因为收成很好。流行性感冒对牲畜没有影响,所以除了工人的数量外并没有减少任何一种生产要素。这就是说,土地、灌溉设施和役畜并没有受到损害。受到传染的人没有长期患病,而且幸存者很快恢复了健康。因此,幸存者并没有处于长期体弱状态,这一点不同于一次饥荒所产生的后果。[1]

根据金斯利·戴维斯(Kingsley Davis)卓越的研究,1918—1919年的流行性感冒大约使印度的2,000万人丧生,[2]这相当于

---

[1] 芝加哥大学医学院的菲利普·米勒(Phillip Miller)博士向我指出了一些有关的医学文献,并分析了疾病发生的正常过程,本人对此深表谢意。

[2] 戴维斯:《印度和巴基斯坦的人口》(普林斯顿,普林斯顿大学出版社,1951年)。戴维斯估计死于流行性感冒的有1,850万人。对这一方法所作的核对表明,这种估算偏低了。在附录B中,他同意这一看法:令人满意的估算应该是死亡了2,000万人。

第四章 零值农业劳动学说

1918年人口的6%左右。① 有劳动能力的农业劳动力的死亡率实际上高于整个人口的死亡率。② 在印度国内,西部和北部地区的死亡率比东部地区高。③ 在东部某些地区,流行性感冒的死亡率似乎是2%左右,而流行性感冒最严重的地区,死亡率是15%以上。

因为印度的农业易于受天气(降雨量)变化的影响,所以把1916—1917年度作为基年,而不是把1917—1918年度作为基年。如前所述,1917—1918年是特大丰收的一年。另一方面,1916—1917年也是一个好年景,总的说来与流行性感冒后的第一个整年(1919—1920年)的情况大体相当。在这两年期间,降雨量都比印度的正常情况稍好一些。英属印度的官方农业统计主要集中在种植谷物的土地面积上,而不是集中在产量上。谷物播种面积,包括双季作物在内(按面积的两倍计算),是农业生产的最好代表。但是,还应该注意到,相对于土地而言,这里人口是多的,并且许多土

---

① 戴维斯认为,1918年的人口是3.22亿。因此,死亡率是这个数字的6.2%。

② S.P.詹姆斯(S.P.James):《关于1918—1919年流行性感冒传播的报告》,载《公共卫生与医学问题报告》,第4号报告(英国卫生部,1920年),第2编,第2章。詹姆斯说(在第384页),在疾病最严重的1918年9—12月,印度农村的死亡率"大大超过了城镇"。与其他人比起来,20岁到45岁的人中死于流行性感冒的数量多。戴维斯研究中的表九说明了,1918年儿童的死亡率比1917年高30%,而全部人口的死亡率比印度正常死亡率增加了两倍多。对美国部分地区1918—1919年流行性感冒的一份研究表明,在20岁到50岁的人中,死亡人数也比较多,而且在穷人,特别是在美国的印第安人中,每千人的死亡人数是一些大城市的4倍。参看埃德温·O.乔丹(Edwin O.Jordan):《流行性感冒》(芝加哥,美国医学协会,1927年),以及显然有詹姆斯的贡献的报告第一部分。

③ 詹姆斯:《关于1918—1919年流行性感冒传播的报告》,第384页。

地都是精耕细作,可以预料的是,播种的土地面积对劳动力减少的反应小于总产量对劳动力减少的反应。① 因此,如果说由于流行性感冒所引起的劳动力死亡使播种土地面积减少,那么,这比农业生产的同比例减少是一个更为决定性的检验。

在分析资料之前,在解释这种关系时记住如下两个不同的假设是有益的:1)假定边际生产率为零的那部分农业劳动力至少和死去的农业工人的数量同样多,则死亡人数对农业生产没有影响;2)印度农业生产中劳动的系数大约是0.4,产量对劳动的弹性也是这样,即如果其他投入品都不变,劳动减少10%会使农业产量减少4%。②

由于1918—1919年的传染病,印度的农业劳动力大约减少了8%。③ 在传染病流行的那年,谷物播种面积急剧减少,即从1916—1917年的2.65亿英亩降至1918—1919年的2.28亿英亩。但是,这种减少与由于某种坏天气和数百人患病而不能

---

① 播种的土地面积的反应小于总产量是根据这一假设:由于劳动力的减少,不仅一年收获两次的土地面积减少了,而且因为劳动的价值增加,某些土地成为边际以下的土地而被闲置,此外,播种谷物的土地也不像以前那样精耕细作,这就使播种土地面积的产量减少。对播种土地面积减少的另一种解释是,劳动力以这样的方式损耗,以致在1919—1920年要对剩下的劳动力作出有效的重新配置是不可能的。适用于这种解释的极端假设是,在某些农村所有能干活的人都死了,而在另一些(远处的)农村没有死于流行性感冒的人,要对剩下的劳动力作出重新配置需许多年。但是,据我所知,并没有什么言之成理的根据能支持这种解释。

② 某些关于更近一些年份的印度部分地区的农业抽样调查为这一假设提供了基础。

③ 由于已经指出的原因,整个英属印度的6.2%的死亡率(戴维斯:《印度和巴基斯坦的人口》,附录B)中大部分是20岁到45岁农村地区的农业劳动力。假设农业劳动力的死亡率超过一般死亡率的三分之一,这里得出的死亡率是8.3%。

在这一年度的部分时间干活所引起的减少混在一起了。由于已经指出的原因，1919—1920 年是适用于这种分析的一年。1919—1920 年的播种面积比基年 1916—1917 年减少了 1,000 万英亩，或者说是减少了 3.8%。一般说来，印度流行性感冒死亡率最高的各邦谷物播种面积下降比例也最大。很难在这些资料中找到支持在流行性感冒时印度农业中的部分劳动力边际生产率为零的假说。

如前所述，近年来的少数抽样调查表明，印度农业生产中劳动的系数大约是 0.4。以这种估算可能具有一般适用性为假设作基础的假说，出乎意料地得到表一和表二中所载资料的有力支持。就整个英属印度而言，这就预示着农业生产减少 3.3%，而所观察到的播种土地面积减少了 3.8%。印度东部各邦死于 1918—1919 年流行性感冒的人数比较少，而播种面积的减少相对也少。在缅甸，增长仍继续着。在死亡率非常高的西部和北部各邦，播种面积相应地减少得也多。①

为了确定统计意义，一种直接的方法②是根据资料来估算劳动系数，并检验这一系数等于 0.4 的假说。按这种方法得出如下估算：

劳动系数＝0.349

劳动系数的标准误差＝0.076

---

① 在观察到的播种土地面积的减少与预计到的不一致的各邦中孟买邦是最例外的。原因非常清楚，即孟买邦 1919—1920 年的降雨量大大超出了正常情况之外。

② 这种方法是戴尔·乔根森提出来的。有趣的是要注意到所估算出的劳动系数（0.349）实际上与《关于要素比例的说明》中表三所反映的旁遮普邦的情况相同。

因此,如果运用的是以两倍的标准误差为基础的可信区间,则劳动的系数为 0.349 ± 0.152,由于这一区间包括了 0.4,所以劳动系数为 0.4 的假说是可以接受的。

结论是贫穷社会中部分农业劳动力的边际生产率为零的学说是一种错误的学说。它有一些值得怀疑的根源。它依靠了一些不可靠的理论前提。当通过分析1918—1919年印度的流行性感冒

表 一

印度和印度主要各邦谷物播种土地面积的变动以及所观察到的和预计的 1918—1919 年流行性感冒对农业生产的影响

各邦与全印度	谷物播种土地面积(百万英亩)[a]		观察到的和预计的变化(1916—1917年＝100)	
	1916—1917年	1919—1920年	观察到的	预计的[b]
(1)	(2)	(3)	(4)	(5)
中央邦与比拉尔邦	27.9	25.9	93.0	91.7
孟 买 邦	28.3	27.7	97.9	93.1
旁 遮 普 邦	31.7	29.1	91.8	94.3
西 北 边 疆 邦	2.87	2.67	93.0	94.5
联 合 邦	46.6	43.5	93.4	94.6
比哈尔—奥里萨邦	31.8	31.9	100.5	97.4
阿 萨 姆 邦	6.4	6.2	96.4	97.7
马 德 拉 斯 邦	39.0	38.2	97.8	97.9
缅 甸 邦	15.2	15.8	104.0	98.3
孟 加 拉 邦	29.2	28.8	98.6	98.9
全 部 英 属 印 度	265.0	255.0	96.2	96.7

萨尔马·马拉姆巴里(Sarma Mallampally)协助核对了基本资料和表一与表二中的计算。他发现,J.T.马顿(J.T.Marten)所作的估算(参见表二,注 a)比我所引用的 S.P.詹姆斯在《关于 1918—1919 年流行性感冒传播的报告》中所作的估算好,当然总的说来,这两组估算是一致的。

a.印度统计局:《印度农业统计》,第 37 期,1920—1921 年,第 1 卷(加尔各答,印度政府出版部,1922 年)。

b.所根据的假说是,农业生产中劳动系数为 0.4。参看表二第 4 行。

第四章 零值农业劳动学说

表 二

死于1918—1919年流行性感冒的人数,以及预计的与所观察到的对印度和印度主要各邦农业生产的影响

各邦与全印度 (1)	死亡人数分布情况(每百人中)[a] (2)	经过调整的死亡人数分布(每百人中)[b] (3)	预计的农业生产的减少(百分比)[d] (4)	观察到的谷物播种土地面积的减少(百分比)[e] (5)
中央邦与比拉尔邦	6.64	15.60	8.32	7.00
孟 买 邦	5.49	12.90	6.88	2.10
旁 遮 普 邦	4.54	10.67	5.69	8.20
西 北 边 疆 邦	4.36	10.25	5.47	7.00
联 合 邦	4.34	10.20	5.44	6.60
比哈尔—奥里萨邦	2.05	4.82	2.57	+0.50
阿 萨 姆 邦	1.86	4.37	2.33	3.60
马 德 拉 斯 邦	1.67	3.92	2.09	2.20
缅 甸 邦	1.39	3.27	1.74	+4.00
孟 加 拉 邦	0.85	2.00	1.07	1.40
全部英属印度	2.64	6.20[c]	3.30	3.80

a.印度,《印度人口调查》,1921年,第1卷,第一部分,J.T.马顿的报告,第13页,也可参看詹姆斯的《报告》,第384页。

b.金斯利·戴维斯:《印度和巴基斯坦的人口》,(普林斯顿,普林斯顿大学出版社,1951年)。附录B中把总死亡人数确定为2,000万。把第二行的数字乘以2.35,使得调查资料符合戴维斯的估算。

c.根据戴维斯的估算,即总人口为3.22亿,死亡人数为2,000万。第二行中的2.64是一个绝对数,即6.20÷2.35。

d.农业劳动力的死亡率比总人口的死亡率高。美国卫生部的各种研究表明,10岁到59岁的男人的死亡人数比总人口的死亡人数多三分之一。对印度的计算同这种估算是一致的。因此,把第三行扩大三分之一,然后乘以农业生产中的劳动系数0.4。该系数为本书所提出的第二个假说的基础。

e.根据表一的第四行。

所引起的农业劳动力死亡对农业生产的影响来进行严格的验证时,这一学说没有获得任何支持。

第五章 收入流价格理论的含义

第二章提出的传统农业概念是一种特殊类型的经济均衡状态。引起这种类型均衡状态的关键条件如下：1）技术状况保持不变；2）持有并获得收入来源的偏好和动机状况保持不变；以及 3）这两种状况保持不变的持续时间足以使持有和获得作为收入来源的农业要素的边际偏好和动机与作为一种对持久收入流投资的这些来源的边际生产率达到一种均衡状态。本章的目的是介绍一种确定这些收入流的价格的方法并考察其对来自传统农业的经济增长的含义。

在第三章中，当考察传统农业的现期生产中配置包括人的因素在内的现有农业要素存量的效率时，撇开投资过程是合适的。在那时抽象掉投资对结果只有很小的影响，因为即使按正常标准看，相对于收入而言纯资本形成是大的，年复一年再生产性要素的总存量也只能增加很少。但是，在研究经济增长时，无论这种增长是来自农业还是其他经济部门，投资都必然是分析的核心。

在考虑投资行为时，区分各种农业要素中边际收益率不相等所引起的投资和一般收益率水平差异所引起的投资是有益的。各种农业要素边际收益率的不相等是多大的增长源泉呢？据说在贫穷社会中，相对于对农业建筑物、设备、肥料、牲畜、种子和存货的投资而言,对土地和某些珍贵的小玩意的投资要多得多。但是,当仅限于对传统生产要素投资时,作为第三章基础的分析却对这种说法所依据的看法的正确性产生了严重怀疑。上述要素配置效率的含义之一是,一般说来,在传统农业使用的各种生产要素中,投资的收益率没有什么明显的不相等。

假定传统农业中所使用的全部生产要素的边际收益率大致相等,那么,收益率的水平是多少呢?

分析的任务正是要解释,为什么传统农业纯投资的收益率是低的,或者甚至不存在纯投资。一般认为,有许多像《一个便士的资本主义》中所描述的贫穷农业社会,在这些社会中几乎一直没有什么再生产性物质资本的纯形成。但是,对这种投资行为所提出的解释远远不能令人满意。这些解释主要所根据的信念是:尽管缺乏资本,但贫穷社会的人民一般说来储蓄倾向都低;或者说,这些社会缺少对投资机会敏感的企业家;或者是不能把储蓄和投资结合在一起以便提供资本来利用现有的投资机会。所有这些解释都依靠这样的假设:这种投资的收益率一般是高的。

但是,如果对传统农业投资的收益率低,那么,实际就应注意收益率问题。在这种情况下,含义应该是,由于对储蓄和投资的刺激微弱,纯投资就很小,甚至会停止。这样,所观察到的投资行为就有其直接的、可接受的经济原因。低收益率为储蓄和收入的低比率,为几乎没有什么外国资本进入传统农业,以及为低纯资本形成率提供了一个合乎逻辑的基础。本章的目的之一是为传统农业生产要素投资的低收益率提供一个理论基础。

增长模型忽视了的内容

在相当一段时间内,有关经济增长的文献充满了特定的宏观增长模型,这些模型一直抽象掉了生产要素相对价格的变化以及与这些要素价格相关的投资有利性的变化。① 因此,这些特定模型不是用来考虑投资收益率水平的差别对投资刺激或增长的影响的。然而,很显然,按投资收益率来衡量,一个经济的不同部门之间、各国与各时期之间的增长机会都是非常不同的。但是,这些特定宏观增长模型忽视了这种关键的变量。

这种忽略有几个明显的原因。新生产要素的有利性被掩盖在"技术变化"的名下(第九章将要论述这一问题)。最有关的原因是没有区分传统生产要素与现代生产要素,没有考虑到在采用这不同要素并使经济适应于这些要素时,它们之间在收益方面的差别。虽然人们早就关心每家收入水平对收入中用于储蓄的比例的影响,但并没有相应地关心新收入流相对价格的差别对储蓄和投资的影响。

一种理论框架

经济增长的含义意味着收入的增加。国民收入核算中所反映

---

① 参看 F.A.卢兹和 D.C.黑格编的:《资本理论》,国际经济协会会议记录(伦敦,麦克米伦公司,1961年),第1章。还可参看 E.伦德伯格:《投资的有利性》,载《经济学杂志》,第69卷(1959年12月)。

出来的经济增长是以可衡量的(国民)收入为基础的[1]。来自农业部门的这种增长意味着农业所能形成的收入的增加。收入是一个流量概念,它由每单位时间既定数量的收入流所组成,例如,每年的收入流为一美元。因此,收入流数量的增加就等于经济增长。这样,3%的增长率就意味着收入流的数量每年增加3%。

为了得到收入流,重要的是获得收入流的来源。这些来源是有价值的,在这种意义上每一种收入流都有一个价格。考察经济增长的一种有用方法是确定各种不同的收入流来源,并确定增加每种相应的来源的价格。这样,中心经济问题就是要解释由什么决定这些收入流的价格。按这种方法,运用需求和供给的概念是重要的。

集中分析收入流并在确定其价格时运用需求和供给的概念有许多优点。它避免了把资本加总并把资本作为一种存量时所固有的严重的概念性和逻辑性困难。它也避免了在衡量资本存量时,要用利率来把租金或资本收益资本化所绕的弯。它使人们可以处理一般不进行买卖的收入流来源。劳动力所获得的技能是收入的重要来源。在一个所有的人都是自由人(没有奴隶)的社会里,没有交换这种人力资本的市场。然而人们对自己进行投资才会产生这些生产资料。还有另一些实际上建立在同一基础上的重要收入流来源。一般说来,也没有买卖试验站和其他科学研究机构、农业推广站以及学校的市场。虽然可以设想这些机构是营利企业,但也有一些不能这样做的充足的经济原因(以后将详细论述)。还有另一些

---

[1] 当然,与经济增长相关的福利的增进并不包括在"可衡量的国民收入"之中。人们每年工作时间的减少或业余时间的增加不能用可衡量的国民收入来计算,更好的全面教育和健康的增进也都不能用可衡量的国民收入来进行计算。

优点产生于区分收入流的需求者和供给者的逻辑基础,以及这种区分在理解经济增长中每种收入流的基本作用方面的解释性价值。

为了简单起见可以抽象掉暂时性收入部分并限于分析持久收入流。① 持久收入流的价格是什么呢?假定有一个市场,那就可以像价格决定中的其他任何一个问题那样来研究这个问题。②因此,这些收入流价格的确定是相应的需求者和供给者的行为的结果。需求者是资本的所有者,他们购买收入流来源以便从中获得收入;供给者是企业或其他个人,他们为了出售而生产持久收入流的来源。可以按常规画出一条需求曲线和一条供给曲线,其交点就是价格。

首先,假定有一个社会,在这个社会中没有能再生产出来的持久收入流来源。再假定,"就按生产适量产品的适当比例来生产生产性劳务的意义上说",③这种社会处于一种均衡状态。在这样的假设之下,持久收入流的供给,即每年得到的美元数量是固定的。在这种情况下,当根据一般的需求和供给图形画曲线时,供给曲线是一条垂直线。设想一下,如果这些持久收入流的价格低于与需求者获得和持有持久收入流来源的偏好和动机相一致的价格,那会出现什么情况。这时几乎没有什么人愿意出卖,而相反有许多人愿意购买。这一结果意味着,许多人愿意放弃一些现期消费以购买持久收入流来源。但是,因为供给是固定的,除非另一些人准备出卖,否则

---

① 米尔顿·弗里德曼:《消费函数理论》(普林斯顿,普林斯顿大学出版社,1957年),特别可以参看第2章与第3章。
② 这里提出的方法严格遵循了弗里德曼在《价格理论》(芝加哥,阿尔定版,1962年)第13章中所提出来的方法。
③ 弗里德曼:《价格理论》,第246页。

第五章 收入流价格理论的含义

有一些人则无法获得更多的持久收入流来源。所以,在这些假设之下,所发生的情况就是持久收入流的价格将要上升。随着这种价格的上升,将达到市场处于均衡状态时的价格,即在这一价格时,这一社会中再没有一个人愿意出卖或获得追加的收入来源。这种类型的调整过程将使价格上升到它的均衡水平,但是,这种调整过程不能引起任何经济增长,因为所假定的是垂直的供给曲线。

现在假定持久收入流的供给曲线是正相关斜线,并假定它一直不移动。在这种情况下,调整是在需求者方面,需求者从低于长期均衡交点的价格出发一直进行调整,直至像以前一样达到均衡价格。当达到这种均衡价格时,在需求者的基本偏好和动机不变的条件下,它与垂直供给曲线时的价格同样(高)。这两种情况之中唯一的实际差别是,由于持久收入流价格的上升,会产生某种经济增长。

现在假定需求者获得与持有持久收入流来源的偏好和动机状况一直保持不变。在这一假设之下,持久收入流的长期需求曲线的斜率是什么呢?因为这一分析所根据的资本概念是全面的,包括了人力资本和非人力资本,所以,"没有什么理由可以认为持久收入流的需求曲线的斜率是负数而不是正数。"①最有道理的推测

---

① 弗里德曼的推理如下:在一个这种类型的社会里,"因为所有财富都资本化了,所以收入(Y)必定等于 rW,这里 r 是利率,W 是财富。持久收入流来源的价格 $\frac{1}{r}$,是财富与收入之比。现期财富与收入的这一比率是一个没有绝对单位(除了时间范围)的'纯粹'的数。为什么所需要的这一比率的数值取决于分子和分母的绝对水平呢?实际上,除了同其他财富或收入相对比而外,应根据什么比较的标准来判断财富的水平是'大'还是'小'呢?或者说除了同其他收入或财富相对比而外,应根据什么比较的标准来判断收入的水平是'大'还是'小'呢?但是,如果一个社会不管收入水平如何,想要维持财富与收入的固定比例,这就意味着持久收入流的需求曲线是一个水平曲线。"参看《价格理论》,第 247—248 页。

是,在这种假设之下,持久收入流的需求曲线是一条水平线。

在持久收入流的长期均衡需求曲线是一条水平线的假设之下,如果由于生产持久收入流来源的企业家发现了比以前更廉价地生产这些来源的方法而使供给曲线向下移动,那么,收入流的价格会怎样呢?研究价格决定问题的一种方法是假定供给曲线的移动是微小的,而且是逐渐发生的,以至于需求者一直在保持其原先价格水平的情况下足以购买增加的收入流。这种方法意味着,对供给曲线微小而逐渐的移动所作出的调整是水平的需求曲线略微向右变动。另一种方法是假定持久收入流供给曲线向下移动得一直很大而迅速,以至于这些收入流的价格下降并引起短期失衡。在这种假设之下,价格对这些收入流的需求有影响,而且基本上会是一条斜率为负的短期需求曲线。可以根据它的价格弹性对沿着这条线的调整作出部分需求分析。

那么,需求者将如何作出调整呢?这两种方法中的第二种方法意味着,持久收入流的需求者会作出两种调整,一种以短期需求曲线的价格弹性为基础,另一种以回到与需求者长期均衡的偏好和动机相一致的水平需求曲线为基础。假定短期需求曲线的价格弹性是单位弹性(-1.0)。在这种情况下,如果供给的下移使价格减少 5% 而形成新交点,那么需求者就会增加 5% 的购买。此外,在恢复到长期均衡状态的过程中,需求者受到他们所获得和持有的持久收入流来源的偏好和动机的压力,一直在逐渐哄抬价格。

这种确定持久收入流价格的方法有助于弄清楚在解释受传统农业束缚的农民的经济行为时所产生的许多问题。每当收入流的价格变得如此之高,以至于供给曲线和需求曲线的交点是沿着长期均衡的水平需求曲线时,(纯)投资就会是零。在这种情况下,缺乏纯储蓄和纯投资就不能归咎于缺少节约的品质、农民中缺少企业家才能或者资本市场的不完全性,而应归咎于可得到的收入流来源的价格高。这样,关键问题显然就是要确定为什么传统农业中持久收入流的供给如此昂贵。

当持久收入流来源的供给者能廉价地生产这些来源时,就为增长所必需的储蓄和投资安排了一个阶段,在这种意义上说,这些收入流来源的供给者掌握了经济增长的关键。因此,对增长的研究应该集中在"他们能更廉价地生产这些来源"的含义是什么,以及在什么条件下能使这一点成为可能。根据上述分析,这就意味着所供给的追加收入来源的价格要等于或低于长期均衡价格。要使价格在几十年内一直低于这一长期均衡价格,供给就必须以足以抵消需求者均衡力量的按十年计的速度一直向下移动。

现在简单地把这种方法用来说明两种类型的增长情况是有益的。

非增长类型

我们已经指出了这种类型的基本特征。简单地说就是供给者不能廉价地生产收入流的来源,以保证诱使需求者去购买任何一种新的(追加的)来源。价格是高的,而且按通常的标准看,投资的收益率是低的。可能有某些旧的收入流来源在进行买卖,但是,这个社会一直没有获得新来源。社会的收入是所有收入来源产量的总和。用经济学家们常用的语言来概括,社会的收入等于 rC,在这里 r 是收益率,而 C 是全面的资本存量(一个庞杂的概念)。r 的倒数 $\frac{1}{r}$ 是收入流来源的价格,而且它也是资本与收入的比率。可以把这一比率作为一个除了时间的范围外什么绝对单位也没有的"纯粹"数。

为了方便起见,假定在一个非增长类型的社会里,1 美元持久收入流来源的价格是 25 美元。按这一假说,r 就是 0.04(4％的比率),而(所有)资本与收入的比率将是 25∶1。

增 长 类 型

看来所有非增长类型的社会都可能有某些共同的、特定的基本经济特征,但这种情况显然并不适用于所有实现了经济增长的社会。某些社会可能是在长期的静态均衡以后开始增长。某些社会可能是在一场战争严重地摧毁了一些可以被迅速替代的要素后表现出异乎寻常的高速增长。某些社会可能处于将近长期大幅度增长的尾声,并可能接近于长期静态均衡。现在我们要撇开所有这些社会以便集中研究一种特殊类型的增长。有一些社会(国家),在长期内每十年都达到了大幅度增长。而且,每十年的年增长率一直既没有下降,也没有明显提高。这是一种增长类型,根据上述分析,在这种增长类型中,供给者一直在寻求更廉价地生产追加的收入来源的方法。因此,供给曲线以这样一种速度向下移动,以致供给曲线和需求曲线相交时的价格始终处于相对低的水平。供给者可按这一标准来抵消需求者的抗衡力量,如果供给一直没有按这一速度向下移动,这种抗衡力量就会提高价格。

在这里,指出某些可能与这种类型增长有关的数字是有益的。假定得到每年1美元持久收入流来源的价格为10美元。在这种经济条件下,假定储蓄是持久收入的10%。这意味着,就储蓄对收入,资本对收入,更重要的是价格对所购买的追加收入来源的量而言,都处于一种动态增长"均衡"状态,这种状态的关键是供给者能以较低的价格生产出追加的收入来源。

第六章 传统农业收入流的价格

《一个便士的资本主义》中的农民以缺乏再生产性资本而著称。这样又产生了一个难题:既然这种资本的存量很少因而十分缺少增加农业生产的资本,为什么长时期很少增加现有资本的存量呢?为什么纯资本形成率如此低呢?如果资本确实是稀缺的话,那么推论就应该是:资本收益率是高的,而且对储蓄和投资的吸引力很强。但是,还没有什么证据能支持这一推论。现有的证据完全与此相反,反过来这似乎就意味着在这些社会里资本并不稀缺。在同一时间里,资本能够既稀缺又丰富,既昂贵又廉价吗?在储蓄和投资方面不言而喻的行为实际上是一个难题。

收入流价格较高的假说

为了解释所研究的行为,提出下列假说:

在传统农业中,来自农业生产的收入流来源的价格是比较高的。

在前一章中已经提出了这一假说的理论基础。这里的目的是要探讨许多反对这一假说的看法,考察两个社会能为这一问题提供线索的资料,并得出某些主要含义。另一个目的是要说明这一假说为与贫穷社会的储蓄和投资相关的各种经验行为,为使许多研究者困惑的行为提供了一个统一的解释。

这种假设的另一个表述形式是说传统农业中资本的收益率低下。虽然有时在接着进行解释时把投资的低收益率作为每单位时间收入流来源的高价格的同义语有时是很方便的,但"价格"假说不仅表现出分析的优越性,而且如前所述,还避免了某些混乱和循环推论。简单来说,它避免了在把利率作为投资收益率时所产生的混乱,避免了在根据利率把来源的收入流资本化来决定资本存量时所引起的循环推论。

贫穷社会中来自农业的收入的传统再生产来源包括灌溉渠道和水坝,役畜和食用畜,简单的设备和手工工具,以及贮藏谷物的建筑物。所获得的传统技能虽然作为一种资本形式并不能买卖,但也是收入的一种来源。因此,为了提高自己的技能,人们就向自己进行投资。根据上述假说,当追加的持久收入流来源的需求者被局限于传统农业生产要素时,相对于表现为实际收入的边际产量而言,这些要素的价格是高昂的。

这一假说在分析上所冒的风险绝不是微不足道的。假定这一假说与这些贫穷社会中有关的、所观察到的行为相符合,那么这就意味着,根据对传统要素投资的收益率高这一观点所写的全部著作都是不正确的。一种正确的分析会以低收益率为根据。因此,十分清楚,当对这一假说进行检验时,它正确与否就事关重大。

反对这一假说的观点

在转而论述某些经验证据前,通过简要地评论几种明显反对这一假说的观点来弄清一些特殊问题是有益的。贫穷农业社会中的放债者一般都收取高利率,这可能意味着,根据货币市场的检验,对传统生产要素投资的收益率也是高的。有一种观点认为,贫穷农业社会中再生产性资本少是显而易见的,因此,从收益率看这种资本必定是稀缺而昂贵的。还有另一种观点,它所根据的是资本从西欧向许多类似这里所涉及的那些贫穷社会的大规模历史性移动。资本的这些转移一般是由于投资收益率的差别所引起的,因此,这种观点认为,相对于欧洲国家内现有的投资收益率而言,贫穷社会的收益率必定是高的。

虽然,在这些环境下想收多少利息与实收多少可以有很大差别,我们将暂且不讨论放债者得到的纯收益率的实际问题。而且,假定按正常标准看纯收益率非常高,但这些贷款主要被用于改善某些特殊家庭的消费流,而这些家庭不是作为持久收入流来源的再生产性物质资本和土地的需求者。再假定这些贷款也没有用于人力资本投资。消费贷款市场是一种不同于这里所讨论的持久收入流贷款市场的市场。此外,即使有某些贷款会用于农业生产,其中有些贷款也会承担很大的使用资金的风险,这样,就可以预料,放债者收取的利息必将是高的。

有一种看法认为,某些社会之所以贫穷是因为自己所拥有的资本非常少,这样,资本的收益率必定高,这种看法纯属常人之见。长期以来人们所接受的经济思想的宗旨是:贫穷社会的收益率总是高的,因为与劳动和土地比起来,再生产性物质资本的供给总是被认为不足的。说这种看法不一定正确就可能表示这里存在着矛盾。如果是这样的话,这个矛盾是可以解决的。就经济的逻辑而言,如果一个社会积累了几十年资本,而且在它积累一段时间后就

第六章 传统农业收入流的价格

不积累了,那么,即使只积累了少量再生产性资本存量,把低收益率与积累的停止联系起来也是合乎逻辑的。但是,正如以后几章的注释列举的资料所表明的,这种再生产性资本的存量有时非常大。我们所提出的假说的主要宗旨是,所观察到的投资收益率是低的,因此要接受与此相反的普通看法就是非常错误的。由于这一假说中所包含的原因,可以解决这个显而易见的矛盾。

上述最后一种反对意见看来是三种反对意见中最有说服力的。如果从更高收益率的地方所得到的利润并不比国内高,西欧国家为什么在第一次世界大战前的几十年里还对我们所讨论的那种贫穷社会进行了大量投资呢?在回答这一问题时,罗列资本向其他方向流动的例外情况是无用的。

那些接受了贫穷农业社会中再生产性物质资本收益率高这一信条的经济学家没有认识到某些资本由穷国流向富国的特殊环境。危地马拉富有的咖啡种植者常常把他们的储蓄投资于美国,其他穷国的公民也这样做过。其中有些人将他们从谷物、牛肉、羊毛、木材、石油以及其他矿产中所获取的利润投资于海外的一个富国,而不是投资于本国。可以根据与风险和不确定性以及与贮藏财富倾向相关的特殊环境对这些明显的例外作出解释。有一点当然是属实的,即:在某些穷国从事这种资本转移的公民和其他人也许是面临着巨大的政治不稳定性。政治不稳定性所带来的风险和不确定性可能大得足以抵消对当地投资明显的高收益率而有余。有一种解释认为在一个富国里通过积累和持有存款基金而贮藏财产是出于偏好,这种解释很难成立,因为这种贮藏看来是对付不确定性过程的一个组成部分;在这些情况下,它不是一种孤立的或附加的因素。

但是，暂且不考虑某些例外情况，总还有一些人坚持这样一种看法：这些穷国投资的收益率通常是高的，因为相对于可以得到的劳动和自然资源赋予来说，显然存在着再生产性资本供给不足的问题，此外，还因为必然有一种刺激诱使大量资本流向这些地区。在检验本书所提出的假说时，有充分的理由不接受对事实的这种解释。首先，考虑一下再生产性资本的相对数量问题。在以可灌溉的农业为基础的印度塞纳普尔村，这种资本的存量是非常大的，例如，在1,000英亩这样少的土地上就有480头役畜公牛。按常用的生产率来衡量，在种植大田作物时，公牛是一种比土地还重要的要素。在以下的注释中考察贫穷农业社会的要素份额时将要说明，在可灌溉的农业占优势的地方，这种资本（劳务）其实是一种主要的生产投入品。

反驳上述看法最有力的理由是早期西欧对许多贫穷社会的资本输出并没有用来增加已存在的原有形式的传统生产要素。从国外输入的资本没有用于增加公牛的数量、手工挖掘的灌溉井、临近地边的简易引水沟，没有用于生产或购买简单手工工具和塞纳普尔人使用的那种设备。这些资本被用来购买新式资本，即运输设备、工厂、某些动力设备和通信设备。其中某些资本用来建立种植用于出口的特殊作物的种植园，这些作物是用完全不同于以传统农业为特征的方法生产出来的。此外，资本输入者也不会把新建筑物、设备、各种出口作物交给缺乏经验的人去管理、操作和种植。在输入资本的同时，那些能胜任这些重要任务的关键人员也由国外同时引入。换言之，既引进了新形式的物质资本，也根据新技术的要求引进了新形式的人力资本。这与仅仅成倍地增加传统形式的资本和旧技术是两回事。分析农业中投资机会的基础正是资本新旧形式之间的这种差别。

很难得到精确的、详细的资料以便来严格地检验这里所提出的假说。贫穷的人们没有保留用于这一目的所需要的那种记录。毫无疑问,在对贫穷社会的农业经济所作出的许多研究中有某些零星片断资料。然而,对这些研究作系统的考察,希望从中能发现某些有用的资料,这已超出了本书研究的范围。但我们要考察能为这一假说提供线索的两种研究。这两种研究以前在确定贫穷社会中农业所达到的要素配置的效率时已经利用过。应该记得,这两种研究都是作为人类学的调查而进行的。

危地马拉的帕那加撒尔

一个便士的资本主义并没有保留资本账本。这里的人民不能记录折旧和损耗率的精确情况,不能记录反映纯资本形成的估算以及资本的收益。这里所使用的是锄头、斧子和砍刀。但是,这里没有用于生产木器和砖瓦的专门工具。"在任何一个印第安人的工具箱里,有没有一把螺丝刀"都值得怀疑。"没有铁匠。不用犁;也不用车轮(没有一户印第安家庭有一辆马车、独轮车或类似的东西——甚至连一个辘轳也没有)。"[①]用河水灌溉农田的水渠网是手工挖掘的,这些水渠简单而实用。

在1936年,增加12把锄头、2条水渠、少量家禽,几包额外的种

[①] 索尔·塔克斯:《一个便士的资本主义》,史密森研究院,社会人类学研究所的《公报》第16期(华盛顿,美国政府出版局,1953年),第27页。

子,或几袋用咖啡叶子制成的肥料能使生产增加多少呢?如果使用了适于河谷地区土壤条件的混合型现代化肥,所增加的产量必将是很大的。但是,在所用的咖啡叶子和其他投入品技术特征不变的情况下,对任何一种要素的支出的收益率是否高就很值得怀疑了。

对属于印第安人的财产存量,塔克斯作了如下详细的分类:

土地,包括咖啡和水果树及灌溉水渠	20,417 美元
家畜	803 美元
工具	680 美元
小计	21,900 美元
房屋(328 间)	3,870 美元
家具和生活用品	2,335 美元
衣服的价值	3,500 美元
小计	9,705 美元
总计	31,605 美元

虽然所有家畜的价值仅 803 美元,但从这一来源得到的收入很菲薄:1,260 美元——小于饲料、盐和照料家畜的劳动的费用。如果从这些账目中减去"猫和狗"(其中的 259 美元),仍有少量利润可作为折旧和投资的收益。① 此外,塔克斯看到,没有理由对家畜进行更多的投资;他举出饲养小鸡与养肥几口猪作为可怜巴巴的事。② 在种植谷物(这里主要的事业)中,大约有 1,400 美元用

---

① 塔克斯:《一个便士的资本主义》,表 40,第 118 页。
② 在塔克斯非常有能力地提出的总体经济范围内,认为养鸡和养猪比其他行业的生产率低是没有道理的。如果肥猪、鸡蛋和家禽的价格下降了,适应这种变低的产品价格有一个时延,那么塔克斯所看到的情况就有其充分的理由,但是,相对价格似乎并没有发生这种变化。

第六章　传统农业收入流的价格　　79

于种子和肥料(咖啡叶子),有216美元用于工具。但是,没有迹象可以认为,依靠扩大这些形式资本的量,除了低收益率外,还会有什么别的收获。

虽然咖啡地没有出租,但关于咖啡生产的成本和收益的资料证明了咖啡地的总收益约为8.8%。[①] 因为某些土地是租来的,所以在对土地投资的价值和总地租的关系中包含了了解收益率的线索。这个社会的印第安人在1936年所耕种的土地中有15%的山坡地和三角洲地是从别人那里租来的。山坡地按每英亩8美元左右出售,所知道的总收益是9.8%。[②] 关于三角洲地地租与收获量的资料不允许肯定地把这种土地的总收益估算为每英亩150美元。[③]

还有另一条线索:这个小部门国民生产总值的缩影也提供了要素成本的份额。[④] 属于这个社会印第安人所有的全部土地可以得到的管理、利润和总地租的份额是1,770美元。即使这全部归

---

①　塔克斯所提供的有关资料是:每英亩产量为562磅,按平均每百磅价格4.5美元出售(第115页),则生产了25.29美元,减去劳动和物质成本9.86美元,剩下15.43美元,每英亩土地的价值为175美元(第84页),因此总收益为8.8%。这里有39.4英亩咖啡地,没有一英亩用于出售。这个社会拥有的总土地面积大约是255英亩。

②　这里有111.5英亩山坡地。虽然塔克斯把每英亩的地租确定为1.41美元,但可以根据其著作的表14中的现金地租资料,按规模和现金地租的支付对每个细类进行加权计算。这样计算的结果是每英亩现金地租为1.26美元。塔克斯估算这种土地的价值是每英亩8美元,因为在6年休耕后是10种谷物轮作,所以平均地租是每年每英亩79美分,或者说总收益率是9.8%。

③　根据塔克斯在表14中所报告的对用现金租的几块三角洲菜地的加权计算,平均总地租是每英亩27.90美元。这里主要的困难是确立调整大部分用于种植玉米的三角洲土地的基础,这种土地的地租非常少。可惜表14中没有反映出用现金租种的三角洲玉米地。此外,在把这些地租分配到整个轮作周期时,轮作的形式也非常复杂。

④　塔克斯的书,表37与表38,第116页。

于地租,土地的总收益率也只是 8.7%。①

那么,土地的纯收益是什么呢?总收益包括了多种难以确定和衡量的成本。不动产税是很少的。但是,政府要求每个成年人每六个月为修建公路无偿劳动一周。还有一些每年用于清理主要灌溉渠道和洪水后修复大坝的社会成本。还可以列举出其他广泛的社会服务,这些服务的成本也可以根据土地来确定。② 比这些更常见的是私人灌溉网和用于生产的建筑物的折旧。这里有过了旺盛期的老咖啡树(39 英亩)和 2,690 株果树。山坡地容易受到某些侵蚀,而且轮休和使某些土地闲置的实践也要作为保持土壤的成本。在一个便士的资本主义中管理必定也有某些价值。对土地总收益率的三种估算是在 8.7%—9.9%,看来土地的纯收益率是 4%或者不足 4%。即使是这样,也还免不了风险和不确定性。因此,土地是按高地租率而被利用的。换一种说法,在帕那加撒尔,要由土地得到 1 美元的收入流是昂贵的,约需 25 美元的成本,无疑还要承担相当大的风险和不确定性,因而在一定程度上,这还不是"持久"收入流。

印度的塞纳普尔

塞纳普尔有大量物质资本存量,在这一方面,它与帕那加撒尔

---

① 塔克斯认为 1936 年农产品的价值是 26,278 美元(表 38)。表 38 中所反映出的成本是 24,131 美元,加上所支付的地租 380 美元,则为 24,511 美元。其余的 1,767 美元是管理所赚到的利润和土地地租。土地的价值为 20,417 美元(第 84 页)。

② 塔克斯的书,表 16,第 86 页。

第六章 传统农业收入流的价格

非常不同。但是,这两个社会呈现出一种共同的基本经济特征,即对农业生产中通常使用的各种形式资本投资的收益率低。在塞纳普尔,役畜——公牛——是一种主要生产要素。强壮的大牲畜是从遥远的、专门生产这些牲畜的社会购买来的。在这些牲畜活的时间较短而所需的饲料很多的意义上说,它们是昂贵的生产投入品。许多年来,很多投资是用于灌溉。灌溉设施不仅包括水渠,而且还包括被称为"水箱"的浅水库和昂贵的水井,这些设施需要折旧及大量的维修工作。总之,再生产性物质资本是塞纳普尔农业生产中的主要要素之一。

霍珀所提供的资料[①]及其对生产活动的计算完全符合对任何一种传统生产要素所追加的投资的收益率低下这一假说。土地市场价值的收益约 3%。

1954 年塞纳普尔这种资本的存量大致如下:

单位:千卢比

耕种的土地	2,323
未耕种的土地	274
水井	266
水箱	76
公牛	74
工具	9
总计	3,002

霍珀把土地分为不同的类型并估算各类土地每英亩的价值与现金地租。由于前不久颁布的土地改革法,土地价

---

① 霍珀:《中印度北部农村的经济组织》(未发表的博士论文,康奈尔,1957 年)。

格与地租之间的关系是复杂的。确定土地价格时用的是19块土地转让时的售卖价格。在确定地租率时用了包括114英亩的51块土地以现金出租时的记录。相对于土地价格而言,现金地租是非常低的。下面的估算说明收益率不到1%。① 但是,现金地租并不是全部地租,因为还有一些隐蔽的支付,其中包括当"地主需要劳务时,租种者应随时满足这种需要"这样的协议。② 在对塞纳普尔农民要素配置的效率进行决定性检验时,霍珀发现,土地的边际产量约等于现行土地价格的3%。③

---

① 得出基本估算的表:

土地种类[a]	英亩数	每英亩土地价值(卢比)[a]	每英亩土地地租的范围(卢比)[b]	平均每英亩的地租(卢比)[b]	所有者收益的百分比(%)
卡契亚那	1.4	3,200			
科尔	75.1	3,000	14—38	20	0.67
帕罗 I	362.1	2,750	12—31	16	0.58
帕罗 II	279.7	2,360	8—30	13	0.55
帕罗 III	58.0	1,710	6—24	9	0.53
珞亚日 I	32.9	2,200			
珞亚日 II	194.3	1,830	6—28	9	0.49
珞亚日 III	166.9	1,100	3—14	7	0.63
总计	1,170.4				

a.霍珀的书,第92页,表7。
b.同上书,第94页,表8。在第255页的表40中,在1954年共有114英亩以现金租出的土地,总地租是1,400卢比,或者说,每英亩的地租是12.3卢比。

② 霍珀的书,第93页。

③ 霍珀:《印度传统农业中的配置效率》,载《农业经济学杂志》(即将出版)。耕作方式是双季收成,六年中土地闲置一季,三年收五次。估算"三年里每年暗含的土地的边际产量"平均为"72.62卢比,或者说是每'标准'英亩土地的价格2,360卢比的3%左右"。

结论性的含义

首先考虑营利的私人资本投资。本书所提出的假说可以解释为什么只有很少外国资本投资于传统农业要素。甚至在殖民主义的保护下，外国资本也没有感到这种投资有吸引力。不能把发展种植园的投资作为一种例外，因为种植园引入了大量非传统的生产要素。这个假说还可以解释为什么每年或每十年只有很少国内资本投资于增加这些贫穷社会中传统使用的再生产性农业要素的现有存量。对用于这一目的储蓄的引诱力是非常微弱的。

其次考虑增加农业生产的公共投资的结果。这个假说也可以解释仅限于对传统农业要素进行政府投资的微不足道的成果。另一方面，还解释了许多国家通过对非传统要素的政府投资，例如通过对农业科学研究机构和农业推广站的政府投资为什么会获得优异的成果。

这一假说与经济增长相关的最重要的含义是：在传统农业中，社会所依靠的生产要素是昂贵的经济增长源泉。

对要素份额的说明

对低收入农业社会的要素份额问题存在着两种错误的观点。一种是认为再生产性物质资本的存量总是比较少的，因此，即使收益率高，这些资本所生产的总收入的份额也是少的；另一种错误观点认为土地的地租始终是较大的份额之一。而实际传统农业中再生产性资本的存量总是多的,这就令人迷惑不解。但是,土地的地租很少,在某些情况下甚至是零,这并不奇怪。这种说明的目的是要表明在评价传统农业的生产要素时,由建筑物、役畜等所代表的物质资本量往往被低估,而作为一种自然赋予的土地有时被高估了。

首先来看地租,一般说来,它在穷国的收入中比在富国的收入中所占的份额大。关于地租方面,有两种有用的经济命题:1)按通常衡量农田的方法,它所产生的地租在某些低收入国家的收入中占25%,而在一个高收入国家的收入中还不到1%;[1] 2)随着经济增长人均收入的提高,相对于其他收入来源而言,农田的地租一般是在下降。[2]

但是,有两个原因可以说明这些经验规律与某些低收入农业社会作为自然赋予的土地的地租在总要素收入中所占份额很小这一事实并不矛盾。第一个理由是依据用于农业的土地的生产率非常下这种情况。它可能是不产生任何地租的土地。在这些条件下,无论是李嘉图的地租论所依靠的逻辑,还是所观察到的这种土地的地租,都不支持相对于总要素收入而言地租占的比例总是很大的这一观点。

---

[1] 菲利斯·迪恩(Phyllis Deane):《衡量英国长期经济增长的早期国民收入估算的含义》,载《经济发展与文化变化》,第4期(1955年11月),在表一中考察英格兰和威尔士1688年的社会统计时,确定了(全国)个人收入为4,860万英镑,地租为1,300万英镑,住房和家庭不动产租金为250万英镑,剩下的1,150万英镑为其他租金,占总收入支付中的23.7%。美国1955—1957年属于农田的收入是纯民产品的0.6%。参见作者的论文:《土地与经济增长》,载《现代土地政策》(奥巴纳,伊利诺伊大学为土地经济学研究所出版,伊利诺伊大学,1960年),第27页。

[2] 近几十年来,这一比例在美国和其他主要高收入国家正在迅速下降。

第六章　传统农业收入流的价格

对于在无地租的土地上放牧牲畜的游牧部落来说，土地收入的份额当然是零。对这种游牧部落，可以看到下述要素份额。

	百分比
土地	0
牲畜和劳动	100
总计	100

土地往往被高估的另一个原因产生于这一事实：在许多社会里，地租大部分是包含在这种土地中的资本收益。重要的是要区分原来的自然赋予与包含在这种自然赋予中的资本。在许多历史悠久的社会里，许多代人一直在平整土地以便可以灌溉、挖井以便得到水、挖渠以便分配水以及挖排水沟以便清除土壤中的碱等方面进行投资。这些设施有折旧，而且还要维修。因此，在一个人们密集地居住在可灌溉的非常肥沃的三角洲地带的农业社会里，土地的地租可能是所有要素收入中相当大的一部分，这是因为地租中包括了具有高生产率的土地的收益以及已作为这种土地的一个组成部分的大量资本的收益。

其次再来分析属于再生产性物质资本的要素的收入份额，如前所述，它在某些低收入的农业社会里可能是相当大的份额。在危地马拉的帕那加撒尔，尽管有许多灌溉设施，但收入中的很大份额归于劳动。在塔克斯的《一个便士的资本主义》中，危地马拉的印第安人形成了一个经济，在这个经济中1936年的要素份额大致如下：

	百分比
劳动	84
土地	10
种子、工具等	6
总计	100

但是,有一种广为流传的观点认为,所有贫穷农业社会,例如所有的印度社会,都使用较少的再生产性资本,这种观点完全与事实不符。我们可以惊讶地发现,即使不计算包含在土地中的资本,在某些情况下这种资本也是比土地和劳动都要多的生产要素。对旁遮普邦可灌溉农业的生产投入品所作的估算表明,在所有投入品中,属于再生产性资本的有41%(见表三)。如果土地的生产价值的一半是再生产性资本,那么它就是53%左右。在这种情况下,公牛与工具是主要的要素。

表 三

美国农业与印度旁遮普邦可灌溉农业的生产投入品

投入品	所占的百分比	
	美国 (1949年)	旁遮普邦 (1947—1948年)
劳动	33	34
土地(未按建筑调整)	19	25
动力和机器	26	30[ ](公牛和工具)
种子、饲料和牲畜	13	5[ ](只有种子)
肥料	2	4[ ](粪肥)
其他	7	2[ ](水费)
	100	100

资料来源:对美国的估算是根据兹维·格里利切斯的研究:《可衡量的生产力增长源泉:1940—1960年美国农业》,载《政治经济学杂志》,第71期(1963年8月),表2,第336页。对印度旁遮普邦的估算取自N.A.汉所引用的1945—1946年到1947—1948年东旁遮普邦的农业统计,《不发达经济的增长问题》(孟买,亚洲出版社,1961年)。格里利切斯教授用交叉总生产函数的方法得出了美国农业1949年所占的比例。旁遮普邦的比例是根据"支出"计算的。地租包括所支付的地租、耕种者所有的土地的转嫁地租和土地税。

第六章 传统农业收入流的价格

表三中对美国与旁遮普邦农业生产投入品所作的比较说明，劳动分别占33％和34％，而旁遮普邦从公牛得到的动力与工具大于美国的动力与机器。在把美国36％的土地归于农业建筑，把旁遮普邦50％的土地归于灌溉建筑而对农田进行调查后，[①] 正如以下估算所表明的，在这两个国家里三种常用要素实际上是占有同样的相对地位：

	美国农业（百分比）	旁遮普邦的可灌溉农业（百分比）
劳动	33	34
土地（调整后）	12	13
非人力再生产性资本	55	53
总计	100	100

本章的第一个结论是，在某些贫穷农业社会中，土地的地租是总要素成本的一小部分。虽然在考虑几种要素对农业生产的贡献时地租所占的很少，甚至为零的可能性有时被忽略了，但这一结论与经济理论完全一致。第二个结论是在许多贫穷农业社会中，再生产性物质资本作为一种生产要素是比较多的。这一结论要使经济学行家接受已非易事，如果要使外行人认识到在某些贫穷社会中尽管再生产性资本的收益率低，但这种资本的要素份额大，那就更难了。如果收益率总是高的，那么存量可以少而份额相对大；但是，如果收益率是低的，就像许多贫穷农业社会的现实情况那样，那么，按照传统经济学的那种观点，即贫穷农业社会再生产性资本存量少，事情就的确难于理解了。

---

① 对农业建筑的调整根据格里利切斯在上述表三中的研究；对旁遮普邦作的调整是一种严格的判断。

第七章 投资有利性问题的引言

可以把农业改造成一个比较廉价的经济增长源泉。以下几章的目的正是要阐明这种改造需要什么,用什么方式来完成这一改造。有一种依仗政权的命令方式,这种政权不仅要重新组织农业生产,而且要指挥农业活动。此外,还有一种主要以经济刺激为基础的市场方式,这种刺激指导农民作出生产决策并根据农民配置要素的效率而进行奖励,当然这种方式仍然需要特定的政府投资和国家活动。命令的方式导致建立大规模的集体和国家农场,并导致形成一种负有作出基本生产决策责任的国家权力。这种国家权力决定生产什么,既规定农产品的种类,也规定生产多少。所用的重要投入品是配给的,而且产品被迫交给国家。

市场方式并不是简单地意味着把所有的投资都交给市场。如果市场方式为了增加可供农民使用的资本量而仅仅局限于减少资本市场的不完全性的方法和措施,那么,它就不会成功。改善农民获得这种资本的条件的余地是存在的,但这些改善并不能实现所要达到的改造。农民每年为这一目的所需要的追加资本量一般并不多,而且一旦提供了有利的新农业要素,他们很容易从内部储蓄获得所需要的大部分资本。但是,最重要的是投资于农民使用时有利可图的新农业要素的供给。提高这种要素的需求者的能力也需要投资。而且,这两种投资都要求有相当的政府支出和对服务

第七章 投资有利性问题的引言

于农业部门的某些政府活动的组织。

这两种方式之间的基本差别并不是集中作出重大决策的命令体制排除了对农业的追加投资,或者由相对价格把消费、投资与生产决策结合在一起的市场方式排除了国家对所有农业生产问题的干涉。前捷克斯洛伐克的情况清楚地说明,在命令的方式下,拖拉机、联合收割机、脱粒机和肥料的数量可以有大幅度增加。① 另一方面,例如墨西哥的情况,除了一般用于道路、运输和灌溉设施的政府支出外,市场方式也还需要有政府的农业研究试验站以及提高农民能力的政府活动。但是,这两种方式之间在效率方面的差别是很大的,我们将在以后详细考察这种差别的原因。在采取市场方式时,耕作中不在所有的生产决策与居住所有的生产决策之间的效率差别就变得突出了,因此必须考虑私人居住所有的决策是两种耕作方式中更有效的一种这一推论的经济基础。

进行这种改造所需要的特殊新生产要素现在是装在被称为"技术变化"的大盒子里。必须从这个盒子里取出这些要素,对它们进行分类,并找到使得受传统农业束缚的农民能获得并接受的方法。一旦做到了这一点,很明显,这些特殊生产要素的供给者和作为这些要素需求者的农民便成了活跃的中心人物。这一章所要论述的是如何作出适当安排的问题。

---

① 亚历山大·伯尼茨(Alexander Bernitz):《捷克斯洛伐克农业概览》,美国农业部,经济概况报告,国外部分,第 35 期(1962 年 9 月),表 14 与表 15。还可参看格瑞格尔·拉扎西克(Gregor Lazarcik):《1934—1938 年和 1946—1960 年影响捷克斯洛伐克农业的生产和生产率的因素》,载《农业经济学杂志》,第 45 期(1963 年 2 月),第 205—218 页。

这种安排是以经济机会的差别为基础的。这是已有的获得农产品(食物、纺织品、皮革)的方法与由于较廉价而获得胜利的新方法之间的古老差别。许多世纪以来,人们在耕作中使用的知识一直在进步,因此,曾有过许多次农业改造。人工种植的谷物、根茎和果实代替了野生品种。长期被认为是最好的作物曾多次被更高产的品种所代替。在种植棉花,尤其是在种植玉米方面,许多年前就通过杂交而实现了巨大的改进。家畜取代野兽作为肉和皮革的来源,而其中某些野兽被选出来并培育成役畜。在某些地区灌溉代替了在干旱土地上的耕作,谷物轮作制和肥料的使用被证明是有益的。这样,人们一次又一次地通过采取并学会使用新生产要素而改造了传统农业。

最近几十年来在许多国家里,农业生产的增加显然是巨大的。这些增加表明了农民对新经济机会的反应。一般说来,这些机会既不是来自可以定居的新开发的农用土地,也不是主要来自农产品相对价格的上升。这些机会主要来自更高产的农业要素。

在本书研究的开头曾列举出最近许多国家农业生产的增长率。从事后来看,这些国家大概都经历了有利的机会。例如,丹麦从1870年左右开始的生产增加预示了增长机会,特别是农业部门增长机会的有利转变。1900年前后起,特别是第二次世界大战以来,日本农业的成绩表明了这种增长机会是有利的。最近几十年来,墨西哥不仅达到了一般的高速发展,而且农业生产的增长率看来超过了整个经济的增长率。苏联的农业生产也有了大幅度增长。还有另一个增长的例子是50年代的以色列农业部门。除苏联外,这些国家都在继续向前发展。结论可以是:除苏联外,这些

第七章 投资有利性问题的引言

国家都保持了有利的农业机会。

还是根据事后来看,30年代后,阿根廷、智利和乌拉圭的增长机会应该作为一种不利的转变。最近中国的情况可以解释为最不利的转变,因为农业生产下降的幅度非常大。同时,两个典型的贫穷农业社会——危地马拉的帕那加撒尔和印度的塞纳普尔——几乎没有什么增长机会。帕那加撒尔一直是一种古老的社会,因为实际上没有出现什么打破现有的非增长环境的情况。而塞纳普尔开始感受到某些刺激,这些刺激代表了新的、微小的增长机会。

如同在商品期货交易买卖的场所看到的那样,全世界农业生产要素的不同供给者集团与需求者集团在价格问题上争执不休。在这个场地的后部靠近进口的地方有一处标志着"传统农业"的站台。台上的人群是最安静的,交易很少,要素的价格相对于他们的收入是高的。站在这一场地中心和前部的是代表着现代农业的集团,这里活跃得很,但现行价格是低的,特别是与传统农业站台上的一般价格相比时更是如此。还有许多其他多少在积极活动的供给者和需求者集团,不同集团之间的价格差距是大的,但没有一种价格像传统农业中的价格那样高。

虽然就属于各站台上的供给者和需求者集团的现行价格而言,它们处于均衡状态,但在不同的站台之间却存在着巨大的失衡。耕作技术还没有现代化的最贫穷国家的农业经济增长机会是这种严重失衡的原因。全面的改造将意味着,有关农业生产要素的收益达到一种世界性的均衡状态。这种改造的实现还意味着农业生产率的革命,因为现在大部分农业远远没有实现现代化。

在所考虑的经济失衡的特征中暗含了对农业增长机会的分

类。这里的目的是要对国家或社会的农业部门进行分类,以便说明农业处于什么状态。以前非常简单的两分法只包括增长和非增长两种类型。在那个阶段上用两分法在分析上虽然是有用的,但局限性太大,不能处理所观察到的广泛的经验现象。当然,如果能发现一种把这些类别归结为简单的两分法的基本特征,那就可以满足人们对省事和简洁的偏好。但是,这是一种并不能实现的愿望。

如前面已提到的,这里提出了一种三分法。其中前两种完全是同质的,但第三类由许多小类所组成。

1. 传统型的。在整个农业部门,技术状态与持有和获得作为收入流来源的农业要素的偏好和动机状态长期基本保持不变——这一时期之长足以使农业要素的供给者和需求者在多年前就达到了特殊的长期均衡状态——所有这种农业部门都属于这一类。这种类型的基本经济特征是来自农业生产的持久收入流来源的价格高昂。帕那加撒尔是这个类型的典型。

2. 现代型的。属于这种类型的农业的基本特征如下:农民使用现代农业生产要素,而且任何一种新生产要素只要是有利的,它的出现与被采用之间的时延是很短的。为了向这种类型农业中的农民供应追加的新的、有利的生产要素,国家的研究机构有责任去发现并发展这些新农业要素。要做到这一点,这种国家必须投资于能为推进农业生产的知识及其应用作出贡献的活动。此外,一般说来,在这种国家里,持有和获得持久收入流来源的偏好和动机与这种来源的供给价格并没有达到长期均衡状态。虽然由于这种类型的农业中对农产品的需求增加比较缓慢,所以它的农业生产

第七章 投资有利性问题的引言

的增长率一般不如我们所划分的第三种类型即过渡型农业的许多国家高,但收入流来源的价格一般是低廉的。

3. 过渡型的。在已说明的前两种类型之间,存在着大量的经济失衡状态。这种失衡状态的基本根源是农业要素的价格与其农业生产率价值相比是非常不平等的。这意味着,所考虑的失衡状态一般并不是产生于两种类型农业之间农产品价格的不平等。假如传统农业和现代农业不属于命令体系,那么这种失衡状态的主要根源也不是这两种农业组织农业生产方式的差别。任何一个农业获得了一种以上有利的非传统生产要素的国家或社会都属于这种过渡类型。按农业所达到的阶段和已经准备好并可以采用的有利的新农业要素的数量来看,这是一个包括广泛的农业部门的大类型。

这样就可以看到农业生产要素的供给者和生产者进行买卖的三种状态。还可以看出,它们各自特有的贸易方式并不重要。重要的是迟早要使三种状态成为一种单独的统一市场即有关的再生产性农业要素市场的经济力量。只有通过投资才能有效地利用这些力量。

在分析这一讨论的中心问题之前,考虑几个同农业经济组织有关的未解决的问题是有益的。这些问题与农场的规模、国家对经济决策的控制以及指导并鼓励农民有效地耕作的刺激有关。从扩大农场规模中能得到很多好处吗?在发展有效地配置资源的现代农业部门中,国家的经济职能是什么呢?传统农业中的农民对正常的经济刺激是几乎没有什么反应呢,还是作出了反常的反应?在涉及农业的经济组织时,这些全是些棘手的问题。在这些问题上不仅难以获得有关的事实,而且还存在着大量根源于政治教条的混乱。下一章正要论述这些问题。

第八章 农场规模、控制和刺激

农场规模问题在关于应如何组织农业生产的理论争论中是非常引人注目的。这种争论中总会有妨碍经济讨论的隐蔽的政治目的。一旦把这种政治目的弄清楚并把它与生产农产品的经济学区分开来，就说明了基本经济问题主要是经验事实的问题。

本书研究的结果对农场规模在农业现代化中所起的作用提出了一种新的看法。首先考虑传统农业就其是一种昂贵的经济增长源泉这一很深含意上而言是微不足道的这一研究成果。在研究传统农业的经济特征时，很明显，小农场或大农场并不是基本特征。其次再来考虑可以通过投资把传统农业改造成一个高生产率的部门，并使之成为一种廉价的经济增长源泉这一研究成果。例如，在这里显而易见的是在改造传统农业中至关重要的投资类型并不取决于大农场的建立。由于这种改造，农场的规模会发生变化——它们或者变得更大，或者变得更小——但是，规模的变化并不是这种现代化过程中产生的经济增长的源泉。

人们顽固地坚持"适度"农场的观念，这就使得要不冒引起误解的风险而去考察这一问题是困难的。求助于"规模收益"的概念一般是无用的，因为改造传统农业总需要引入一种以上的新农业要素，所以在这种改造所引起的过程中，关键问题不是规模问题，而是要素的均衡性问题。

现实世界表明,农场规模大小,存在各式各样的差别。小农场和土地被分成碎块往往同时并存;大农场与非熟练农民总是结合在一起。因此,土地改革在一种情况下是针对土地分散问题,而在另一种情况下又是针对受压迫的、无知的、陷入大地产控制的农民问题。但是,用什么来检验这些农场效率低是由于规模问题造成的呢?

在许多国家的工业中心及其附近有一些业余农户。在苏联的大型国营与集体农场内部,有几百万拥有小块土地的农户。有使用许多大型拖拉机的农场,也有更多的使用一部小型拖拉机的农户。农场规模问题并不限于其面积十分重要的、种植谷物的土地和牧场。在饲养家禽和制造乳制品方面也产生了这一问题。建立规模巨大的农场是有效地生产农产品的方法吗?

作出生产决策的个人与机构的所在地是决定农业生产效率的一个重要因素。这里考虑的所在地取决于农场规模和决策是在不在所有控制之下还是在居住所有控制之下作出的。一种方法是把生产决策的控制与农业要素的所有制联系起来,这种所有制可能是私有制,也可能是公有制。私人的控制显然既可能属于不在所有制,也可能属于居住所有制。但是,无论对生产决策的控制是属于居住在农场的个人还是属于脱离了农场经营的个人,无论农场是大还是小,关键问题是这各个组成部分与作出生产决策所根据的经济信息状况,以及与对作出有效决策的经济刺激和奖励状况的关系。

这些是本章所考察的主要问题。但是,只说对这些问题还缺乏明确的认识是远远不够的。这里存在着某些实际难题,显然还有许多混乱,而且也存在着许多教条。经济理论和经验研究对解决这些难题和减少由此产生的混乱可以作出许多贡献。它们也希望消除根深蒂固的政治教条。

对某些与这些问题相关的比较重要的教条和学说作出评价是有用的。虽然美国的农业改造迅速地走在前面,但这里仍有一种有力的教条观点。对这种观点的评论可以提出对其他学说的某些看法。在美国有一种长期受到重视的信念,即农业是经济中的基础部门,农民所具有的社会价值优于城市一般居民,而且家庭农场是农业中的"自然的"经济单位。[①] 这些是农业原教旨主义的特殊表现。与此不同,近几十年来在某些穷国有一种完全不同的学说受到拥护。这种观点认为,工业始终是实现经济增长的基础部门,农民不仅受传统的束缚而且天生就比非农业人口落后,大部分农业劳动力的边际生产率是零。可以把这种学说相应地称之为工业原教旨主义。

在许多国家里把传统农业改造成高生产率部门的公共计划之所以遭到失败就是由于决定建立大规模农业经营单位的政策。这些决策的背景是政治目的,这种目的得到"规模收益"这个特殊信念的支持,而这种信念长期以来一直是马克思思想的一个组成部分。马克思所提出的农业生产概念特别偏重于支持大农场。这个

[①] 劳瑞·索思(Lauren Soth):《农场的难题》(普林斯顿,普林斯顿大学出版社,1957年),第2章"习俗";约瑟夫·阿克曼(Joseph Ackerman)和马歇尔·哈里斯(Marshall Harris)编的《家庭农场政策》(芝加哥,芝加哥大学出版社,1947年)。古老的南部平均地权论(agrarianism)是另一种典型;参看威廉·H.尼科尔斯(William H. Nicholls):《南部的传统和地区性进步》(查珀尔希尔,北卡罗来纳大学出版社,1969年)。

概念的基本信念,是相信大生产单位的优越性和必要性,[①]认为大农场可以比中小农场以更少的实际成本生产农产品。实际上这就意味着,在农业中生产单位越大效率越高。这就是大农场学说。

与农业生产相关的政策和计划还严重地受到另一种学说的束缚。按这种学说最原始的形式,它假设农民对正常的经济刺激要么不会作出反应,要么作出反常的反应。根据这种学说可以而且颁布了各种各样的价格和收入政策。如果的确是农民对价格没有反应,那么,一个国家在发展其工业时为什么不能压低农产品价格以便降低食物的成本呢?当然可以强制农民交出农产品,而结果却是极大地损害了有效地进行农业生产所需要的经济刺激。但是,对这一学说可以作出另一种曲解。当一国的农业生产在某种高昂的固定支持价格之下一直超过对农产品的需求时,这种学说就宣称,任何支持价格的下降都无济于事;它只会使情况变得更糟,因为据说农民的反应是生产得更多。从政治权术的观点看,这是一种很适用的学说。在某些高收入国家里,它被有效地用于维持某种农产品的高价格;在某些低收入国家里,它被用于完全相反的情况,即用于压低农产品的价格,结果很糟。当一种或几种要素价格被认为不是社会所需要的,而是被认为在管理经济中不能服务于经济目的时,这对资源配置就有极大的影响。例如,在土地所有权属于国家的所有地方,农田的地租就可能受到压抑。在这种情况下,这种地租学说就严重地损害了有效地配置农田(包括附属于土地的建筑物、灌溉设

[①] 米特拉尼:《马克思与农民》(达勒姆,北卡罗来纳大学出版社,1951年),第2章。

第八章 农场规模、控制和刺激

施和其他建筑)的计划和控制机构的能力。

即使一个研究者并没有被卷入这种学说,他也将发现很难使自己的研究摆脱这种令人困惑的表面经验现象。重要的任务是要认识基本组成部分并研究它们之间的联系。与农场规模相关联的有:专业化、控制生产决策的所在地、作出决策所根据的信息状态、对传统农业进行改造的速度以及指导并奖励农产品的生产者的刺激中固有的风险和不确定性。

专 业 化

有组织的研究。认为农场的规模取决于它从事现代农业研究的能力是荒谬的。让每个农场都生产其所需要的拖拉机、联合收割机和其他机械也许比让它从事研究要好一些。即使任何一个国家主要种植玉米地区的所有农户都联合成一个农场,在这样大的农场中建立一个第一流的研究中心是否有利也很值得怀疑。显然,无论农场有多大,这是一个超出农场能力的专业化问题。一些种植园进行了某种研究,某些大地主也有这种意图,但他们在自己可以支持和组织的研究活动中远远不能达到最优化。然而,排除非常大的农场可以拥有自己的研究实验室的可能性是否有些过早呢?毫无疑问,在大农场中有各种应用研究是可能的,但即使是最大的公司也很少对基础研究作出过什么贡献。[1]

---

[1] D.汉伯格(D.Hamberg):《工业研究实验室里的发明》,载《政治经济学杂志》,第71期(1963年4月)。

为什么农业研究是必需的,为什么进行农业研究超出了农场的能力,这是很容易总结出来的。大多数现代农业生产要素是其所形成的国家的生物和其他环境所特有的。当一个依靠传统农业的国家决定获得并采用现代要素时,仅仅输入并使用现成的形式是不够的。发展与某个国家特定环境相适应的新形式是必需的。为了做到这一点,必须从已确立的科学理论和原则出发,并在此基础之上去发展适用的要素,这就需要相当的研究工作。还有另一个关键的事实,即从事这种研究的企业并不能占有从其活动中所得到的全部好处;此外,企业还要服从于重要的不可分性,因为研究工作需要科学家和成本昂贵的专业设备。无论农场的规模有多大,要有效地从事所有必要的农业研究是根本不现实的。如果采取的是这样一条途径,那就只会有少得可怜的一点研究,而即使已经从事的研究,费用也是十分昂贵的。

　　但是,穷国经营大农场的地主和农民往往是这样一种信念的受害者,即如果有什么值得从事农业研究的话,他们就可以在自己的农场里出色地进行这种研究。他们不懂作为农业实验站活动的基础的经济学。因此,人们可以看到,在某些穷国,大农场主反对用于农业研究的政府支出,而小农场主支持这种支出,从而产生利益上的分歧。例如,在乌拉圭,由于这种明显的利益不一致,南部的小农场主有一个为其服务的农业实验站,而其他地区很大的农场则依靠自己的实验站。①

---

　　① 在40年代初,作者曾有机会考察了当时正在发展中的乌拉圭的农业研究。小实验站研究工作的适用性和能力与被大农场主作为"遗传学家"雇用的少数知识贫乏的大学生的适用性和能力之间的对照如同所预料的那么大。

第八章　农场规模、控制和刺激

　　由国家管理的农业生产中的反常现象之一是大部分与农业相关的科学和技术的研究效率低下。人们本来预料,在这种类型的组织之下,农业研究的成就应该是杰出的,特别是在其他领域具有科学传统并取得研究成果的苏联更应该如此。但是,情况完全相反。在把生物学运用到农业生产方面,基础研究一直是空白。尽管农业研究的职责并不是国营农场和集体农庄的一个组成部分,而且也不会由于缺乏资金而受限制,但根深蒂固的学说偏见严重损害了农业研究这个重要分支。

　　生产现代投入品。一般说来,一旦作物新品种或牲畜良种为人所知并可以得到,即使没有把农场规模作为发展重点,这些作物新品种或牲畜良种也会成倍地扩大。但是,也有某些重要的例外。例如,专门种植杂交玉米的企业在生产这种玉米方面比大多数农场效率更高。在饲养某些牲畜和引进良种家禽生产蛋方面也是如此。在某个阶段里,幼猪养殖场与专业化企业一样有效率。显然,农场经常生产它们所需的役畜,但并不能生产农业拖拉机。它们也不能生产化肥和农药。

　　"生产"信息。如同农业研究的情况一样,很难想象农场的规模如此之大,以至于它们能有效地建立自己的农业推广站。在有传播某些这种信息的出版物——小册子、报纸、农业杂志——和收音机及电视节目的地方,只要农民有文化并能以其他方式理解信息的含义,那么无论他们是经营大农场还是小农场,都可以利用这部分信息。

　　无论农场的规模多大,也没有什么东西可以代替产品与要素价格体系作为向农民提供基本经济信息的手段。在某些情况下,经营大农场的人可以获得经营小农场的人所无法获得的某些专家的经济咨询。支持农业期货价格体制的一种强有力的理由是，这种体制通过减少小农在没有专家信息时必然会遇到的价格风险和不确定性来提高小农的效率。

不在所有或居住所有的控制和农场规模

虽然其他农业要素也可能是不在农场居住的人的财产，但农业中的不在所有权一般是与土地和附属于土地的建筑物相联系的。有许多各种各样的租佃安排。不在所有者通过公司、合营企业、经理等形式控制自己所占有的农业要素。一般说来，不在所有的安排效率是低的。

这种低效率的经济基础在于：在处理现代农业问题中，农业中的当前经营决策和投资决策不仅要服从于许多无法按常规处理的（包括空间的、季节的、机械的和生物的细节在内）微小变化，而且还始终需要采用由于应用知识的进步而形成的新的、优越的农业要素。在不在所有的安排之下，由于简单的原因，即由于不在的一方不能获得充分的信息，往往就不能有效地作出处理这些细节，尤其是利用应用知识进步的决策。不在所有者一般也没有成功地提出必要的刺激并委派决策的负责者。并不是许多农业租佃改革都取得了完全的成功。上述看法包含着下列假说：在竞争的条件下，由于农民采用并学会了使用现代农业要素，整个农场的工作由所有者兼经营者所控制的部分越来越大。换句话来说，这就意味着，在存在竞争的地方，由不在所有者安排的那部分农场工作由于其

第八章 农场规模、控制和刺激

固有的低效率而相对减少了。

这种假设与美国的一系列资料是一致的。毫无疑问,农民成功地运用了许多新的、优良的农业要素。在竞争中所有者兼经营者无疑壮大起来了。把用于农业的"人均小时农业产量"作为现代化过程的标志是恰当的。在1910年到1930年间,这一标志只有很少增加,以1947—1949年为100,这一期间的指数只从45增加到53。但是,从1930年以来,有了以下的发展:

	人均小时农业产量①	在所有农业经营者中占的百分比②		
	(1947—1949年=100)	所有者兼经营者	租佃者	管理者
1930年	53	56.7	42.4	0.9
1940年	67	60.7	38.7	0.6
1950年	112	72.7	26.8	0.4
1960年	208	(1959年)79.0	20.5	0.5

还有一种相关的情况是,在1929年到1960年期间,向不在农场居住的人所支付的纯农业地租从8%下降到6%,而以农场抵押贷款形式所支付的利息从全部农业纯收入中的7%左右下降到4%左右。③ 在西欧和英国,虽然进行了农场租佃法的改革,但总

---

① 根据《农业生产与效率的变化》,表19,载《美国农业部统计公报》,第233期(1961年7月)。

② 根据《1961年农业统计》表633(美国农业部)。所有者兼经营者既包括完全所有者也包括部分所有者。完全与部分所有者所拥有的农田在全部农田中占的比例增加得并不快;据计算,1930年在全部农田中占49.8%,而在1959年上升到55.4%。有一种有力的推断是,农场经营者所拥有的全部生产性资产的百分比要比农田的百分比增加得更多。

③ 根据《1950年农业统计》(美国农业部)中的表686对1929年的估算和《1961年农业统计》中的表692对1960年的估算。

的倾向仍然是有利于所有者兼经营者的农业单位。①

当然,有一点也是事实:即在有些地方不在所有者是刚退休的农场主,他们由于长期的经验了解其所有的特定农场并居住在农场所在的地区,或者在有些地方是父子之间的租佃并且转移所有权的安排被逐渐实现,这样,"不在"私人所有制并不一定完全服从于作为这种所有制形式一般特征的低效率。但是,撇开这些例外,农场的不在私人所有制是一种低效率的安排。

农业生产要素的国家所有制的不在所有的含义是什么呢?不在国家所有制与不在私人所有制之间有一些明显的相似之处。这种一致之处并不奇怪,因为国家所有制的本质正是:某些农业的基本决策是在不在所有的条件下作出的。由这种来源所产生的低效率,其经济基础与不在私人所有制的情况下相同,而且实际上所出现的经验证据也有力地支持了同样的推论。② 尽管有这种一致性,但在考察国家所有制对农业生产的影响时不区分不同的国家权力结构将是一个严重的错误。显然,在苏联类型的国家中,农田的国家所有制仅仅是国家控制农业生产的整体中的一部分。国家还占有其他一切物质生产资料,此外,它有一种对政权的垄断。虽

---

① A.K.凯恩克罗斯(A.K.Cairncross):《外国与本国资本对经济发展的贡献》,载《国际农业事务杂志》,第3卷(第2期),1961年4月,第101页。还可以参看威廉·H.尼科尔斯:《1940—1950年巴西圣保罗的工业城市发展与农业》(纳什维尔,田纳西,1962年12月20日油印本)第225页。"在田纳西谷地和在圣保罗一样,更加工业化的地区表现了一种所有者兼经营者更多和租佃者兼经营者更少的适当倾向。"

② 当有些地区同时兼有多种用途,例如放牧育林、治水和提供公园服务时,这一结论会有例外。虽然不在公共所有制和管理中固有的局限性比在纯农业生产的情况下还要实在,但并没有经验事实支持这一观点:私有制能成功地解决大的不可分的、土地兼作多种用途的问题。

然在苏联类型的国家里,农业要素国家所有制中固有的不在所有部分的不利影响是真实而重要的,但它与其他许多更强有力的控制工具混合在一起了。

假不可分性和农场规模

认为农场规模必须非常大才能有效率的学说把拖拉机作为现代农业要素不可分性的象征。这种学说认为,与此相关的拖拉机不仅是一部大型拖拉机,而且是大型拖拉机群。一定要使农业中的其他要素适于使用大型拖拉机群。但是,这样设想的拖拉机是一种假不可分性,因为可以按各种不同规格和型号的订货来制造拖拉机,而且在耕作中可以用各种方式把拖拉机组合在一起,这些并不是什么秘密。当然,一部拖拉机可能会如此之大,以致在一次耕作时它不仅能牵引12个犁,而且还能牵引一部播种机、一部耙地机及其他附属设备,例如在特定条件下播种小麦时便是如此。在另一个极端,一部拖拉机可以如此之小,以至于在作牵引工作时,它仅相当于播种稻米时用的一头水牛。有一些拖拉机是用履带爬行,而另一些则用轮子行驶并且特别适用于播种成行的谷物。还有一些拖拉机开动并带动其所牵引的机器,这些机器大至大型自动谷物联合收割机,小至小型自动割草机。在相对于其他农业要素的价格而言人力(劳动)便宜的地方,一个单人(或单个家庭)农场用小型园林拖拉机可能更有效率,在人力比较昂贵的地方,单人农场使用两部甚至三部不同规格和型号的拖拉机可能更有效率。有效地使用大型拖拉机群要求一些非常特殊的条件,实际上这些条件是很少存在的。

大型拖拉机和许多锄头。但是,当假不可分性成为组织农业生产的基础时,它就导致了一种低效率的资源配置。苏联所出现的情况正是这样,在那里把大功率机器用到了极端。为了使农业适应于使用大型拖拉机,苏联使农业成为一种不合理的双重形式结构,即非常大的国营和集体农场与小块土地的农户,这种双重形式结构是以大型拖拉机与许多锄头并存为基础的。① 这两种类型效率都很低。假设在大型国营和集体农场只有拖拉机和与之相配合的机器的费用是重要的,那么不只是用非常大型的拖拉机,而是用由大、中、小型拖拉机组成的各种拖拉机的相互配合会更加经济。但是,劳动、管理、土地和其他形式的物质资本是非常重要的。同时,数百万小农户仍限于使用许多锄头和非常密集地使用劳动。在西欧,没有一个地方的农民像苏联的小农户那样低效率地利用劳动进行耕作。假定这些小农户的大小不会增加到超过十英亩,假定可以得到小型手扶(园林式的)拖拉机和与之匹配的机器以及设备,那么,苏联整个农业生产将会急剧增加,而现在供给不足,主要正是这些农产品。即使这样,就苏联数百万个十英亩农户再加上大型国营与集体农场而论,资源还远远没有达到最优的规模。因此,虽然农业生产会比现在更加有效,但它仍然是一种低效率的双重形式的农场规模。显然,拖拉机是一种假不可分性。

---

① 西奥多·W.舒尔茨:《大型拖拉机与许多锄头:评苏联农业》,芝加哥大学,农业经济研究所,第 6006 号论文(1960 年 8 月,油印本)。这篇文章是根据作者在 1960 年夏季作为苏联科学院的客人在苏联期间所观察到的情况写的。

真不可分性。那么,在现代农业中不可分的生产要素是什么呢?我们仅仅考虑农业中使用的投入品。良种、优良的牲畜品种、化肥、农药、工具、牲畜牵引的设备、拖拉机,以及相关的机器和有电力的地方的电动机都很少属于这类不可分的要素。但是,典型的农民,或者农场处于不在所有控制之下的典型的农场管理者一般是不可分的。然而,这种特别的不可分性并不要求大型农场;相反,在作为大多数现代农业生产特征的经营决策和投资决策为既定的条件下,把一个人视为不可分并不必然需要大农场。这就是证明日本、丹麦和美国的家庭规模农场高效率的关键所在。但是,这里还要考虑到一个附加条件,因为在离农场很近的社会里,无论是以部分时间为基础还是以全部时间为基础都很容易找到工作,人力的贡献是可分的,用部分时间从事农业也是可能的;这种农业则是有效的。①

对地租的压抑

关于地租经济作用的错误概念是很多的,而且在那些把这种错误概念付诸实施的地方,这些概念就损害了农业的效率。无论在地租是对农产品需求日益增加而造成的意义上把来自土地的地租作为一种不劳而获的收入,还是把地租作为投资于已成为土地的一个组成部分的建筑物的收益或简单作为特种物质生产要素的

---

① 詹姆斯·F.汤普逊(James F.Thompson):《西部肯塔基的部分时间农业和资源的生产率》(未发表的博士论文,芝加哥大学,1962年)。

有价值的生产率的合理收入,地租在配置农业资源中都执行着一种必要的经济职能。因此,任何对地租的压抑都有损于指导和引诱农民有效地使用农田的信号和刺激。

古典学派和马克思的学说都助长了有关地租的错误概念。李嘉图的概念把地主作为一段时期内增加收入的接受者,这种收入被认为是不劳而获,从而也就忽视了地租对资源配置的作用。马克思的概念以李嘉图为基础,这一概念变成了把全部土地完全国有化的教条,变成了在生产中配置土地时压抑地租的教条。在苏联类型的经济中,农田和灌溉设施及其他农业建筑的生产性服务都由管理农业生产的人配给。一旦地租受到压抑,就会用各种特定的措施来占有土地及其附属物的生产率的价值。现在已知的这些措施有:强制按某种名义价格交售农产品,按低的固定价格把农产品卖给国家,以各种福利的名义对集体农场征税。此外,早期时对机器和拖拉机站的服务实行高垄断价格也可以作为这类措施之一。除了可能用于福利目的税收而外,所有这些措施的影响之一是减少了农田生产率价值。这些措施既没有掌握在作为农田特征的生产率价值方面的细微差别,又没有起到地租在农业生产中配置土地的经济作用。因此,对地租的压抑是农业中严重低效率利用土地的原因。

与地租相关的另一种错误概念是与穷国中广泛认为农业必须提供工业化所需要的大部分资本这种观点相关的。因为农业中的地租往往是高的,而且地主被认为是不生产的,所以这种资本的自然来源就是农田的地租。于是又以为获得这种地租的有效方法,要么是政府低价收购农民的主要农产品,然后以高利润的价格出售;要么是由政府简单地压低农产品价格,从而使食物价格和工资

第八章 农场规模、控制和刺激

低于它们应有的水平,以减少工业化的代价。这种从农业获得资本的方法并没有占有真正的地租,即农田的生产率价值。它往往有损于农业与其他经济部门之间的资源配置。阿根廷庇隆(Peron)政权下所发生的情况典型地说明了这种方法的不利影响:虽然在短短的几年内产生了大量政府收入,但却严重损害了阿根廷的农业生产。

还有另一种不压抑地租对资源配置作用的方法。当然,政府可以通过对农田征收土地税,通过对这种土地征收资本税,或者通过公开的剥夺来获得用于工业化和其他方面的收入。但是,为了获得这种收入并维持地租对资源配置的作用,就必须区分作为体现了土地的位置价值的收入的那部分地租与作为土地再生产性资本建筑和地主的企业家职能收入的那部分地租。作为土地一个组成部分的资本建筑需要维持和折旧。美国现在总计是,不在农场居住的地主的纯地租大约只是其总地租的一半。[①] 即使这样,在估算纯地租时仍没有扣除地主作为企业家的贡献的价值。

这里所考虑的这种方法的关键是政府要确保有足够的土地生产率价值应属于农民(或地主),以便为有效地配置土地提供一种刺激。要达到这种目的,一种方法是通过使对每块土地的资本课税等于这一来源的持久收入的资本化价值的大部分把这种价值的小部分留给地主——这就足以对农业中有效地配置土地提供一种刺激。另一种方法要求每年的税收等于农田位置价值所提供的持久收入流的大部分,这也将把这种收入流的一小部分留给地主,这

---

① 参见《1961年农业统计》,表693(美国农业部)。

大概就足以维持诱使所有者有效地配置土地的必要刺激。通过这些方法，就可以从地租中得到一些公共收入而又不压抑地租对资源配置的作用。

关键是农产品和要素价格

在改造传统农业时不能没有产品和要素价格对资源配置的作用。还没有有效的替代方法。一种命令体制，无论它是通过大农场还是小农场经营，都必然是低效率的。

无论出于什么动机来压抑农业中产品和要素的价格，这样做的方法很多。上述的对地租的压抑可以作为许多这类压抑中的一个特例。不必去详细论述其他压抑，因为在原则上可以运用讨论地租问题时所提出的同样推理。

认为对农产品和要素价格进行某种压制是可行可取的，其根源有两种。一种观点认为，农民对这些价格的变动或者是毫无反应，或者是作出反常的反应。我们在本书的几个不同地方对这一观点进行了考察并已证明这一观点是错误的。另一种观点认为，可以通过降低或提高某些农产品价格使收入流出或流入农业而不会损害农产品价格对资源配置的作用。在某些经济增长成为主要目标的低收入国家里，目的之一正是要从农业中得到某些收入，以便如前所述提供工业化所需要的部分资本。在某些高收入国家，特别是在农业部门已成为高生产率部门的某些国家，政府力图把某些收入转给农业，以便改善农民的经济地位。但是，无论这种收入转移的目的是什么，无论是通过降低或提高农产品或要素价格来实现这种转移,这种价格对资源配置的效率都会带来损害。如上所述,在由土地的位置价值所得到的纯地租的情况下,有一种方法可以把这种地租的大部分转移给政府而又不压抑地租对资源配置的作用。但是,这种情况只是一种例外,因为现在并没有相应的方法可以用于其他农业要素或任何一种农产品,以便运用价格来使收入转入或转出农业而又不减弱要素和产品价格对资源配置的效率。

在提高农产品和要素价格的资源配置作用与用往往导致低效率的其他控制来代替这些作用之间总存在着一种选择。重要的做法有这样几类:例如,把地方市场并入更大的市场,扩散有关产品和要素的经济信息,把减少资本市场的不完全性作为减少农业资本定量配给的一种方法,按边际成本来确定要服从于不可分性和限制竞争价格的规模要求的灌溉和其他设施的服务的价格,向保健、教育和人力资本的其他形式进行投资。减少农产品价格的波动也属于这类措施。

应该注意,这些改善措施中的最后一项的唯一原因是由于这一事实:我们已经仔细地考察了在农产品价格大幅度波动时必然是特别低效率这种情况。此外,提出用农业的期货价格来对付这种价格波动对资源配置的不利影响是一种合乎逻辑而又切实可行的改善。[1]

---

[1] 特别可以参看 C.盖尔·约翰逊:《农业期货价格》(芝加哥,芝加哥大学出版社,1947年)。

第九章 隐蔽在"技术变化"中的生产要素[1]

本书研究经济增长的方法是用需求和供给的概念来确定持久收入流的价格。在运用这种方法时,重要而必需的步骤之一是找到在价格低得足以引起用于对收入流来源投资的储蓄时能获得的收入流。这样问题就是:哪里有这些低价的持久收入流来源?虽然在理论和应用方面对经济增长进行了大量的研究,但这些研究对回答这一问题很少作出贡献。这些研究之所以没有弄清楚低价收入来源的经济基础,主要原因在于这些特殊来源是隐藏在"技术变化"之中的。

至今为止,本书研究的主要结论将作为这一章目的的引言。从传统农业中充其量也只能有很小的增长机会,因为农民已用尽了自己所支配的技术状态的有利的生产可能性。仅限于对他们使用的生产要素作出更好的资源配置以及进行更多的储蓄和投资无助于增长。尽管关于如何改善贫穷社会要素的配置写了许多著作,但从更好地配置现有生产要素中所增加的实际收入是微不足道的。即使有一个贫穷的经济在配置它所支配的每一种要素方面是一部完善的混合机器,这个社会也仍将是贫穷的。关于从这类

---

[1] 兹维·格里利切斯和戴尔·W.乔根森对本章初稿的评论是很有价值的。

第九章　隐蔽在"技术变化"中的生产要素

要素的存量增加所得到的增长也可以得出类似的结论。它们是追加收入的高价来源，因而，它们只能提供很小的增长机会。这就是说，在这样的环境下农业产量只会是低下的。假定自然赋予是既定的；再假定虽然随着人口的增长劳动力增加了，但技术水平并没有提高；又假定虽然现有形式的建筑物、设备和存货的存量有了某种增加，但物质资本再生产形式的技术特征并没有变化。在这些假设条件下，来自农业的经济增长将是代价高昂的。因为增长的代价如此昂贵，所以许多增加储蓄和引进外来资本以扩大对现有要素投资率的建议——这种建议充斥在经济发展的文献中——也因为要求付出过于昂贵的代价而无价值。生产要素投资的成本与收益之间的关系是对这些社会的人民把其收入中的更大部分储蓄起来投资于这种要素缺乏足够引诱力的基本原因。简单来说，收益率不能保证追加的投资。

如果确实整个农业生产完全依靠传统农业中使用的生产要素，那么各地从这一部门所得到的增长前途就是悲观的。或者说，如果各地的差别与塞纳普尔和帕那加撒尔之间的差别一样是很有限的，那么，由这种差别中所得到的生产增长就仍然是非常微小的。但是，事实上依靠传统农业要素与依靠现代农业要素的社会之间在农业要素上的差别是很大的。

隐蔽要素的花招

前面提到的疏忽，主要是由于在研究增长问题时对待生产要素的态度所引起的。经济学家们往往把生产力分为两部分，一部分是"土地、劳动和资本(物品)",而另一部分是"技术变化"。但是,在作出这种区分时很少认识到,"技术变化"这个词仅仅简略地代表了要素清单中所没有提到的许多(新)生产要素。当然,可以从所有新要素中作出抽象,但认为技术不是生产要素的观点并没有什么合乎逻辑的基础。一种技术总是体现在某些特定的生产要素之中,因此,为了引进一种新技术,就必须采用一套与过去使用的生产要素有所不同的生产要素。

在分析这一问题中还有许多重要的情况,因为存在着一种明显错误的观念,即在对待一种"技术变革"时认为把生产技术和作为生产技术的一个部分的要素区分开来在逻辑上似乎是可能的。一种生产技术是一种或几种要素的一个组成部分。全面的生产要素概念不仅包括所有物质形式的资本(凡是它所包括的有用知识都是这种资本的一部分),而且还包括所有的人力(这里也包括了人所得到的知识,即作为劳动能力的一部分的技能和有用知识),当我们使用这个全面的生产要素概念时,就要完全考虑到所有的生产技术。因此,再重复一次,"技术变化"这一概念在实质上至少是一种生产要素增加、减少或改变的结果。[①] 此外,在许多情况下,说明、识别并衡量一种新要素(新要素所引起的效益隐蔽在"技术变化"的名下),并不比对传统要素这样作更困难。

如前所述,作为一种分析方法把某些事情作为一种混合物而撇开,或把它作为不变的,这是容许的、必要的。理论分析正是这

[①] 作者在《对农业生产、产量和供给的说明》中讨论了某些这类问题,载《农业经济学杂志》,第38期(1956年8月),第748—762页。

第九章　隐蔽在"技术变化"中的生产要素　　*115*

样进行。当某些处于这种混合状态的要素对生产的影响始终不变,或者在它们变动的范围内对改变生产只起了很小作用时,经验研究就可以这样进行,而且这样也是合适的。"技术"或者"技术状态"的概念正是这种混合物。但是,如同现代经济增长中的情况那样,当这种混合物已成为一种重要的变量时,如果要对增长作出令人满意的解释,那就一定要考察其中的特殊要素并分析其经济行为。

这样看来,在概念上重要的用于生产的技术是所使用的生产力的一个组成部分。因为生产力包括了人力,所以如何使用包括人在内的每种生产力的知识(或者是专门技能,或者是"教养")也是生产要素的一个组成部分。因此,当把所有的生产要素完全弄清楚时,也就弄清楚了技术。在把生产要素这种概念所根据的经济逻辑弄清楚时,就可以通过某些例子来进一步阐明它在研究增长中的实际含义。

某些农业要素的特征的例子。年产一万磅牛奶的奶牛比年产仅四千磅牛奶的奶牛要优良得多。良种奶牛代替劣种奶牛的过程是要素替代的一种形式,这一过程所根据的是暗含的成本和收益的考虑,当把所有奶牛一起考虑时,这一要素替代对生产的影响就被作为一种余量并被称之为"技术变化"。当年产蛋一百或一百个以下的鸡被年产蛋二百个的鸡代替时,也可以运用同样的逻辑。通过混合进一种(新)"饲料成分",一种不同的成分,饲料的营养价值会得到明显的改变,为这一目的生产出这种不同的成分,而且这种成分会有很好的市场。在某些说明中,把采用这种饲料成分说成一种技术变化是很方便的,但是,要解释农业生产中的变化就必须把这种饲料成分作为一种生产要素,并确定它的成本和收益。而且,如前所述,它也与任何一种传统要素一样是可确定的、可衡量的。肥料的植物营养性质和肥料相对供给价格所发生的变化是在近几十年里影响农业生产的另一个重要例子。耕作中所用的技能和知识的提高已成为人力的一个组成部分。把这种提高说成是"专门知识"的变化固然是有益的,但它掩盖了在某种同"收益"相关的"价格"水平下形成了的新的、更好的人力这一事实。最后,还有一个格里利切斯所分析的杂交玉米的典型例子。① 在许多方面,一蒲式耳自然授粉玉米与一蒲式耳杂交玉米是相同的。对种植它们的土地要作同样的准备。用来种植、耕作和收获玉米的机器也完全一样。然而在分析玉米的生产中,自然授粉和杂交品种显然是不同的生产要素。杂交玉米并不是某种含糊的、无法分辨的"技术变化"的源泉;相反,它是一种明确的、可分辨的、可衡量的生产要素。

某些特殊生产要素的供给中存在的变化。说明技术变化这一概念的局限性的另一种方法是考察要素供给的变化。完全可以把某些要素的供给作为固定的。还有另一些要素可以正确地作为被生产出来的生产资料,而这些要素的供给显然可以增加。还有另一些要素被错误地认为仿佛只是偶然出现的。土地的供给大概是固定的,但它现在远远不像过去的经济学家所认为的那样十分确定。然而,自然环境和人类都有一些不能增加的特殊性质;因此,

---

① 兹维·格里利切斯:《研究费用与社会收益:杂交玉米和相关的创新》,载《政治经济学杂志》,第 66 期(1958 年 10 月)。

第九章　隐蔽在"技术变化"中的生产要素

这些性质代表了供给基本是固定的要素的性质。[①] 总是把资本品作为被生产出来的生产资料。但是,一般的资本品概念仅限于物质要素,这样就排除了通过向人力资本的投资可以增加的人的技能和其他能力。人们所获得的能力在其经济活动中是有用的,这些显然是被生产出来的生产资料,而且在这方面也是资本的形式,这种要素的供给可以增加。根据人均小时工作的增加和仅限于建筑、设备和存货的资本的增加来研究经济增长时假定质量是不变的,这就没有考虑到劳动和物质资本品的质量一直在发生着重要的变化。经常排除了知识和以这种知识为基础的有用的新要素的进步,仿佛它们不是被生产出来的生产资料,而只是偶然出现的。这种观点通常不言而喻地包含在技术变化这一概念中。

与这样论述生产要素相关的经济思想史是十分清楚的。古典学派的理论一开始就提出了生产要素的三分法,并认为技术状态是不变的。但是,因为实际上出现了经济增长,所以技术状态不仅在变化,而且成为增加实际收入的重要变量。同时,根据技术状态保持不变的假设还提出了许多分析生产的工具。因此,考虑到生产要素的质量和形式所发生的明显变化而又不放弃使用已投了许多资本的、长期形成的知识装备,正如每个研究生都知道的,技术变化的概念就成为时髦的,它概括了实际上收入日益增加的情况,而这种情况是无法用土地、劳动和资本这些传统的概念和标准来解释的。

---

① 就人的情况而言,并非后天获得而是生物学遗传的性质在经济分析中所涉及的任何时期任何大的人群中的每个人实际上都是"固定的"。

这并不是说"技术变化"这个词在用来解释某些问题时不能成为一种有用的工具。但是,它不是一种解释经济增长的分析概念。把技术变化用于经济增长是一种无知的表白,因为它只是一组无法解释的余量的名称。① 除了一般的衡量错误外,如果归之于技术变化的余量价值很小的话,还可以说得过去,但是,当这些余量价值很大(实际上作为现代国家特征的那种增长正是这样),这就等于对许多实际增长问题未作解释。现在有少数经济学家正在专心研究这个问题。本章的后一部分将评论这些经济学家所作的努力。

"技术状态"的最初概念所根据的是这种假设:在人和物质品中存在着一种供给基本固定的普遍性质,这方面与土地原来的性质相类似。并不认为有必要考虑组成技术状态的许多组成部分是什么。但是,当这些组成部分已改变时,意味着什么呢?它可能只意味着,至少有一种现有生产要素的质量已有提高。或者说它可能意味着引进了完全不同的生产要素。其中第一种情况,即质量的提高,也可以看成相当于一种新生产要素。现在把两种情况都看作新生产要素会更方便些。虽然任何一种技术变化的基本特征正是引进一种使用时更加经济的新生产要素,但严格分析起来,除非依靠采用一种在技术上与旧生产要素有某些不同的生产要素,

---

① 莫西·阿勃拉莫维兹(Moses Abramovitz)在其《1870年以来美国的资源和产量的趋势》(不定期论文第52期,国民经济研究所,1956年)中清楚地说明了这一点。他在第11页上指出,对于"生产率增加"的原因知道得很少这一点就是"我们对经济增长的原因无知的标志"。还可以参看 E. D. 多马(E. D. Domar)的:《论技术变化的衡量》,载《经济学杂志》,第71期(1961年12月)。

第九章 隐蔽在"技术变化"中的生产要素

技术变化就无法实现。借助于生产函数的概念将会使新旧生产要素之间的这种关系更加清楚。所谓生产函数"向上移动"最少需要有一种新要素对生产发生影响。因此,如果在不包括新要素的意义上说关于要素的说明是不完全的,那么根据这种不完全的说明所观察到的生产函数就可以把向上的移动看成是新生产要素对生产发生影响的结果。①

因此,有令人信服的原因否认把技术变化的概念作为解释经济增长的变量。在分析问题时,技术变化掩盖了经济增长的主要实质。在这方面把技术变化看作是"节约劳动"、"节约资本"或中性的都是毫无意义的,除非可以辨明未加说明的(新)生产要素中的资本和劳动部分并使之成为这种分析的一个组成部分。一旦辨明了新生产要素,人们当然就会发现它们是代替或补足某种旧生产要素。在这一点上由于同样的原因,"技术水平"的概念也是毫无意义的。主要的问题在于技术变化是一种未加解释的余量,它掩盖了大部分相对低价持久收入流的重要来源,正是这种来源引起了与增长相关的储蓄和投资。技术变化所掩盖的是由于有利而被企业采取并使用了的某种(新)生产要素。此外,因为这些新要素是被生产出来的生产资料,所以发现、发展和生产这些要素的活动是全面的生产概念的基本部分。这样,考察发现、发展和生产这些新生产要素的投资的成本和收益就是很重要的。

---

① 在估算生产函数中所说明的问题是普遍适用的。参看兹维·格里利切斯:《估算生产函数中的说明重点》,载《农业经济学杂志》,第39期(1957年2月),第8—20页。

考察技术变化所掩盖的内容

本书研究所根据的关于经济增长源泉的观点并不都是新观点。人们早就认识到了知识进步在增加生产中的重要性。只要提到其中的少数例子就足够了。艾尔弗雷德·马歇尔对知识的评价非常高,并且认为知识是生产最强大的发动机。[①]约瑟夫·熊彼特把现代增长主要归结为劳动增加和传统资本形式存量增加之外的源泉。[②]弗兰克·奈特(Frank Knight)把"一切'有用的'知识的增长,而无论是'关于'哪一方面的知识"[③]都作为一种被生产出来的生产资料,这在原则上与本书的研究方法没有什么区别。E.F. 丹尼森(E.F. Denison)[④]的

---

① 马歇尔:《经济学原理》(第8版,伦敦,麦克米伦公司,1930年),第4编,第1章,第138页。在第4编第6章论述了教育问题并把西欧和英国与美国和英国在这方面的情况进行了对比。马歇尔的《工业与贸易》(伦敦,麦克米伦公司,1919年)是一部被严重忽视了的研究经济增长的著作。特别是可看他在考察德国经济史时把其用的"收益递增"归结为科学和技术的进步。

② 熊彼特:《经济发展理论》,R. 奥佩的英译本(坎布里奇,哈佛大学出版社,1951年),第68页。

③ 奈特:《投资的收益递减》,载《政治经济学杂志》,第52期(1944年3月),第26—47页。奈特有时感到,应该完全放弃整个"生产要素"概念。在这篇论文中,他提到自己对这一问题在1928年所采取的极端立场(第33页,注7),但他对是否该这样做始终表示了怀疑,尽管他一直强调"生产力的分类问题向经济分析提出了一个严重的难题"。

④ E.F. 丹尼森:《美国和美国以外的其他地方经济增长的源泉》,论文增刊第13期(纽约,经济发展委员会,1962年)。丹尼森把1929年到1957年间27%的增长率归之为就业和劳动时数的增加,把15%归结为资本存量的增加。在同这些传统的源泉进行对比时,他把23%的增长率归结为劳动力教育的增加,而把20%的增长率归结为知识的进步(因为他的估算包括了某些有小负号的源泉,所以当涉及纯增长率时,上述四种估算需要略微向下作一点调整。参看表32,第266页)。

方法所具有的优点是引进了许多一般被忽略的重要的经济增长源泉。他的作为一种投入品的劳动概念,很接近于代表劳动所作出的服务的流量,因为它主要是根据劳动力的收入。在以收入代表劳动的范围内,他把劳动力总收入的增加分别归于许多改变劳动力的质和量的源泉。但是,他的资本概念作为一种投入品并不能代表资本所作出的服务的流量。物质资本的增加大大被低估了,因为他基本上作为一个余量的"知识进步"的概念掩盖了大量生产服务流量,而这种流量是物质资本所作出的贡献的一个组成部分。

罗伯特·M. 索洛(Robert M. Solow)[①]首先通过估算美国1909年到1949年期间的"总生产函数"着手从经验上来解决这个问题,这一函数所根据的资本和劳动是以这样一种方法来衡量,以至于它们同实际资本和实际劳动所生产出的服务的流量的关系更疏远了。因为略去了资本和劳动的组成部分,所以毫不奇怪,他的"函数""在这一期间的前二十年以大约每年1%的速度,在这一期间的后二十年以每年2%的速度"向上移动。虽然这种研究赢得了广泛的赞扬,但它并没有抓住作为所谓技术变化的基础的新生产要素;它仅仅把未加解释的余量变成为一种部分的(不是全面的)生产函数向上移动的序列。在最近的一篇文章中,索洛[②]把新资本品的形成作为新技术知识的"传递者",并且以此来寻求解决某些新生产要素对生产的影响问题。另一种论述是 W. E. G. 索

---

① 索洛:《技术变化与总生产函数》,载《经济学和统计学评论》,第39期(1957年8月),第312—319页。

② 索洛:《技术进步、资本形成与经济增长》,载《美国经济评论》,第52期(1962年5月),第76—86页。

尔特(W. E. G. Salter)[①]所作,他把技术知识与生产技术联系起来并假定这些技术是已观察到的生产要素的一个组成部分将之引入生产函数之中。

本章针对技术变化中所掩盖的内容而作的批评并不是说生产函数是一种无用的分析工具。生产函数的确是一种必要的工具。所需要做的是不仅要包括传统生产要素,而且还应包括体现了新生产技术的新要素。这就是格里利切斯满怀希望地所采用的方法。这种方法必须考虑到人和物质投入品质量的提高。格里利切斯在《衡量农业的投入品:一个批评性概述》[②]中清楚地预见了这种方法的实质。在这种方法中可以看出资本质量的变化。[③] 也考虑到人力资本(教育)的改善。因此,格里利切斯在其研究农业生产率的一篇进展报告中谈到:"因为任何一个衡量生产率的公式都可以公开或隐蔽地对农业总生产函数的形式及其系数的数值作某种假设,所以可以通过直接提出关于生产函数的问题来更容易地研究这种衡量过程的正确性所引起的许多问题。"[④]

[①] W. E. G. 索尔特:《生产率与技术变化》,剑桥大学应用经济学系专题论文之六(剑桥,剑桥大学出版社,1960年)。还可参看 L. 约翰逊:《区分资本积累和生产函数移动对增长和劳动生产率的影响的一种方法》,载《经济学杂志》,第 71 期(1961 年 12 月),第 775—782 页。

[②] 参看《农业经济学杂志》,第 42 期(1960 年 12 月),第 1411—1433 页。

[③] 兹维·格里利切斯:《关于衡量价格和质量变化的说明》,该论文在收入和财富研究会上宣读,北卡罗来纳大学,查珀尔希尔,北卡罗来纳,1962 年 2 月 3 日。

[④] 兹维·格里利切斯:《农业生产率:进展报告》,芝加哥大学,农业经济研究所,第 6205 号论文(1962 年 5 月 29 日,油印本),曾在 1962 年 9 月爱尔兰都柏林的经济计量学协会的会议上宣读。

第九章 隐蔽在"技术变化"中的生产要素

全面生产要素概念的含义

这种研究经济增长源泉的方法包含着一种资本理论,这种资本理论包括了所有生产要素,即土地、一切再生产性的物质生产资料及人力。它还意味着,通过投资,人力资本和物质资本都可以增加。一种最优的投资储蓄配置要求再生产性的物质资本形式与人力资本形式之间收益率的相等,就像在每一类资本内部所要求的那样。因此,在原则上有一种检验的方法可以确定在人力资本和物质资本中是投资不足还是投资过度。

生产要素是持久收入流的来源。收入流是这些来源的(生产性)服务的流量。为了确定某种来源(投入品)的重要性,根据人均小时来衡量劳动,或者用物质资本的存量减去质量的提高都是不正确的。

需求和供给的方法

一旦辨明了某种隐蔽在技术变化中的生产要素,分析经济增长源泉的问题就基本弄清楚了。曾提出过两种主张。第一种主张清楚地表明,可以用对一组已耗尽其有利性的生产要素的依靠性来解释与传统农业相关的缓慢增长的经济基础。第二种主张指出,为了打破这种依赖,处于传统农业中的农民一定要以某种方式获得、采取并学会有效地使用一套有利的新要素。

在分析达到第二种主张中所包含的目的过程中,需求和供给的概念是有用的。这种方法使我们去考察新的有利要素的需求者和供给者所起的作用和行为的经济基础。在这种情况中需求者是传统农业的农民。供给者是发现、发展、生产、分配新生产要素并使需求者能得到这些要素的那些人(营利的企业和不营利的机构)。无论这些供给者所从事的是发现、发展,还是生产已形成的要素或分配这些要素,他们所从事的显然是生产活动。但是,把需求者行为也作为以需要成本并提供收益的投入品为基础的生产活动,就不那么明显了。需求者可能要寻求关于这些新要素的信息,而寻求信息的过程可以直接根据成本和收益理论来说明。需求者也要学习如何最好地使用这些要素,但是,一般说来这并不如"寻求信息"所说的那样直接。更重要的是通过教育和教导向人进行投资。下两章将要论述这些供给者和需求者。

第十章 新的有利生产要素的供给者

穷国农业部门的经济增长主要取决于现代(非传统的)农业要素的可得到性和价格。在这种意义上说,这些要素的供给者掌握了这种增长的关键。当他们在廉价地生产和分配这些要素方面获得成功时,向农业的投资就变得有利了,而这就开始了农民接受并学会最好地使用现代要素的阶段。对增加储蓄和形成对这些要素投资提供资金的信贷机构,这也是一种引诱。这些供给者的确是重要的。

但是,这些供给者很少受到注意。人们认为,他们许多人似乎完全在经济学的范围之外。他们是隐蔽在"技术变化"中的生产要素的生产者。他们中的某些人从事研究,而某些人从事发展活动。某些人仅仅生产信息。他们无论在从事生产的方式方面或在进行组织的方法方面都并不一样。

本章主要考察现代农业要素的供给者在生产这些由贫穷社会的农民得到和接受的要素中所提供的生产性服务的成本。生产这些服务的成本是十分重要的。为了方便起见将不考虑一般的生产活动,而是首先集中研究使已知的现代农业要素适用于贫穷社会的特殊环境所要求的研究和发展,然后研究营利企业和非营利机构分配这些要素的经济基础。

供给者的研究和发展

现代农业高生产率的主要源泉是再生产性的源泉。这些源泉由特殊物质投入品和成功地使用这些投入品所要求的技能和其他能力所组成。被自然固定的土地和人的成分一般只具有第二位的重要性。再生产性源泉显然是两个部分，即现代物质投入品和具有现代技能的农民。虽然有一些例子是具有高水平耕作技能的人迁移到一个贫穷社会里，但这只是获得这种技能的一种例外方式。一般来说，贫穷农业社会只有通过向他们自己的人民进行投资才能获得必要的技能。然而在现代物质投入品方面有许多东西是可以进口的。

但是，这些现代物质投入品很少是现成的。这些投入品很少能够以其现有的形式被采用并引入到一个典型贫穷社会的耕作中。它们应该适应于一个贫穷社会的特殊农业环境。生物条件的差别特别重要。其中许多条件与纬度的差别有关。例如，一种适用于衣阿华州的杂交玉米种植在印第安纳州就比种植在亚拉巴马州好。在温带地区生产率高的奶牛品种就不适用于热带的环境。各地的土壤也有很大差别，而这些差别对作物、肥料、水和耕作要求都有重大影响。技术先进的国家里很少有什么再生产性农业要素可以现成地用于大多数贫穷社会。

一般说来，可以得到的是有用知识本身，这种知识使先进国家可以生产出自己使用的要素，这些要素在技术上优于其他地方使用的要素。这种知识本身也可以用于发展相似的、一般也是优良的新要素,而这种要素能适应于贫穷农业社会所特有的生物和其他条件。这种知识包括已建立的有关植物、动物、土壤、机械等的科学理论和原理。杂交就有可能生产某些具有特殊"杂交能力"的作物和牲畜。作为这种杂交基础的遗传学原理也是所有杂交玉米的基础。但是,运用这种杂交知识来生产出适用于特定玉米种植地区的良种玉米并不是一件简单的事情。在美国还有一些地区的农民仍然在种植自然授粉的品种,其原因只不过是在那些地区还没有培养出一种高产而很适用的杂交品种足以代替自然授粉的品种。

一个国家要从已建立的关于杂交的遗传学知识和其他有关的知识中得到好处,就必须做近二十年来墨西哥政府和洛克菲勒基金会为发展适用于墨西哥环境的现代农业要素所做的事。关于墨西哥所取得的进展的年度报告[①]充塞着类似如下的说明:

1."在培育一种新的杂交白玉米 H-507 时,把每份两磅共 750 份都分给了农民。……H-507 的产量比原来推荐的杂交品种(H-503)约高 20%,而比当地最好的自然授粉品种约高 35%。"

2."对引进的玉米,诸如美国的杂交品种所进行的多次试验证明了以前所观察到的情况:如果要避免采用不适用品种所引起的严重困难,关键是用当地的材料形成当地的品种。"

3. 美国的高粱品种也是有缺点的。"具体讲,早熟的品种是许多地区所需要的,而能可靠地在海拔 1,800 米以上的地方种植

[①] 这些说明根据《1960—1961 年农业科学年度报告》(纽约,洛克菲勒基金会,1961 年 7 月)的计划。还可以参看阿瑟·T. 莫泽(Arthur T. Moser):《拉丁美洲农业的技术合作》(芝加哥,芝加哥大学出版社,1957 年),第 6 章。

的改良品种意味着巨大的生产可能性。当把美国培育的杂交品种种植在墨西哥时,并不能保证它们的产量总比自然授粉的品种高。然而,看来当地培育的杂交品种的产量可与美国所达到的产量相比。"

4. 在小麦方面,1960—1961年期间,墨西哥的小麦全国平均产量约是十年前的2.5倍。除了1960—1961年有利的气候条件之外,这些产量的增加是由于更多的肥料和经过改善的土地备耕与灌溉工作,此外"每年小麦收成的98％左右是来自于经过改良的小麦品种"。

"通过发放奈纳里(Nainari)60、华曼特拉·罗约(Huamantla Rojo)和桑达·艾列那(Santa Elena)这些新的高产品种……大幅度地增加全国平均产量是可能的,此外,还有一些更新的、半商业性的矮秆品种,例如蓬加莫(Penjamo)62和皮替克(Pitic)62,估计这些品种的成果将会更显著。"

5. 在1957年开始的新马铃薯计划已经培育出了"九个能抵抗晚疫病的新马铃薯品种"。"在1960年,墨西哥已生产出了14,000多吨经过鉴定的马铃薯种子。"

还报道了在蚕豆和黄豆、园艺学、牧草和豆类,以及"土壤肥力和管理"、"昆虫学"、"植物和动物生理"和"家禽"这些方面类似的发展。在"农业经济学"这一题目的报道中涉及了经济方面的内容,并为传播"农业信息"作出了相当的努力。

作为一种例外,有少数精良的农业要素可以现成地用于所考虑的目的。这些农业要素主要是小型工具、设备和小型机械。私人企业最愿意生产和分配的正是这些要素,从而使贫穷农业社会的农民能够得到。

但是,适用于一个贫穷社会的现代农业要素首先应该依靠现有的科学与技术知识来进行"生产"。这个过程所需要的生产服从于两个基本经济特征。第一个特征是:"生产者"一般不能占有由这种生产所得到的全部收入(利益)。第二个特征所根据的是,当一个企业从已有的科学和技术(农业)知识着手从事适用于特殊贫穷社会农业的现代要素的生产时,已知的不可分性主要在于所要求的方法和科学家。

正因为这两个特点,必须使大部分基础研究和部分应用或开发研究"社会化"。如果基础研究完全依靠营利的私人企业,那么对这种研究的投资必然会很少,因为这类企业不能占有一个科学机构所生产的全部有价值的产品。[①] 因为边际成本不能等于边际收益,私人企业的支出必定比最优支出多,这是由于许多收益不能由该企业所得到而是广泛地扩散了——某些收益归其他企业,而某些收益归消费者。即使私人企业获得了强有力的专利保护,它们也不能占有由这种研究所得到的全部收益。

不可分性也很明显。一个只有一座简陋实验室的科学家,依靠自己只身处在一个贫穷农业社会中,在从现有的科学和技术知识来开始生产在技术上适用于他所在社会环境的新农业生产要素时,必然不能有多大成就。这样小的规模,效率是很低的。适于这一任务的方法,一般要求要有许多各类科学家和辅助人员以及各

---

① 这两个原则中的第一个曾由理查德·R. 纳尔逊(Richard R. Nelson)作了详细论述,见:《基础科学研究的初等经济学》,载《政治经济学杂志》,第 67 期(1959 年 6 月),第 297—306 页。

种用于实验工作的昂贵设备,以便接近于达到最优规模。

美国已建立的科学机构在满足与农业中有用知识的生产相关的这两项经济原则方面,在多大程度接近于最优规模呢?这种科学机构包括州实验站、地区实验室和设在马里兰州贝尔特斯维尔的全国研究中心。美国农业部不仅管理贝尔特斯维尔的全国研究中心,而且还管理二百个野外机构;这些野外机构一般都很小,而且过于同科学团体脱离以至于效率不高。[①] 虽然美国的农业科学机构在其所完成的工作方面取得了显著成绩,但在某些方面效率是低的。如上所述,研究工作由于分支机构和小的联邦机构过多而受到损害。但是,更重要的是许多主要农业区没有一个为它们服务的有能力而又效率高的研究机构。肯塔基州、田纳西州和西弗吉尼亚州存在着与农业紧密相关的严重低收入问题,这些地方在许多方面很像世界上某些贫穷农业社会的情况,但这些地区被忽视了。除了北卡罗来纳州和佛罗里达州有研究机构外,南部的研究机构也是很少的。还有另一个大地区的研究机构也极少,这个地区包括从达科他州、内布拉斯加州、堪萨斯州和俄克拉荷马州开始一直延伸到西部的平原和山谷地带,其中不包括加利福尼亚州和俄勒冈州的太平洋沿岸。从这些被忽视的农业地区的情况所得出的教训是:建立并维持像衣阿华州、明尼苏达州、威斯康星州、密歇根州、纽约州和加利福尼亚州那样大而效率高的农业研究机构是一项花费颇多的事业。不可分性就是说,要求有许多科学家

[①] 对美国为农业服务的科学机构的重要考察可以参看《科学与农业》(总统科学顾问委员会,华盛顿,1962年1月29日),这是一份关于作者曾长期在其中工作的一个农业专门小组的报告。

和许多昂贵的研究设备才能达到最优规模。[①] 美国在拉丁美洲的技术援助方案是值得注意的,虽然那里二十年来有过这类方案,虽然已有几百万美元用于农业技术援助,但并没有建成一个杰出的农业研究机构。对比起来,洛克菲勒基金会虽然对拉丁美洲的农业进行技术援助花钱少,但在这方面却获得了成功。

从这一部分可以得出如下结论:1)除了少数例外,无论研究或开发都必须使已知的现代农业要素适用于贫穷社会的环境;2)营利的私人企业一般只能占有由这种研究和开发活动所得到的部分收益;3)一个有效的研究机构的规模排除了以确保企业竞争为基础的安排;以及 4)第二和第三的经济基础使得在向还没有得到现代农业要素的社会供给这些要素时,组织公共和私人非营利团体去完成某些研究和开发职能是必要的。

供给者所进行的分配

一旦形成了在贫穷社会的农业经济中可能有利的新生产要素,又如何分配这些要素呢?分配主要是由供给者进行,这些供给者是营利企业或非营利机构。

我们时常注意到,需求者(农民)要有执行这一职能的足够的信息和能力。仅能维持生存的农民很少能这样做。某些种植园的经营者能这样做,这是因为种植园的规模大,而且某些种植园是外

[①] 对生产与分配用于农业新知识这一问题的主要论述可以参看本书作者的论文:《农业和知识的应用》,载《展望未来》(巴特尔克里克,密执安,凯洛格基金会,1956年)。

国企业，可以从外国得到新知识。这是与殖民地经济发展的一个重要结果紧密相关的。一般说来，除了某些种植园外，这种经济发展并不能实现农业现代化。偶然也有个别本地（经商的）农民成功地进入这一分配领域。例如，危地马拉某些相当大的稻米种植者通过向种稻各州——阿肯色州、加利福尼亚州、路易斯安那州和得克萨斯州——的实验站索取稻米生产新发现和发展的信息而做到了这一点。墨西哥北部的某些棉花种植者也通过向邻近的美国实验站求助而在棉花方面同样做到了这一点。

营利企业。企业从分配新农业要素中能期望获得的利润主要取决于进入该行业的成本和市场规模。但是，在一个典型的贫穷农业社会中，从这一业务中获得利润的可能性是很小的，这是因为加入这一行业的成本一般是高的，而某种要素的市场却是小的。除非分配新要素有利可图，否则它显然不能吸引私人企业。

进入该行业的成本主要由下列必须花费的支出决定：1）使新农业要素适用于一个社会环境的支出；2）向潜在需求者农民提供信息的支出；以及 3）克服其他加入该行业障碍的支出。第一项支出取决于对新农业要素要在多大程度上进行试验和验证，以便知道农民使用时技术上的适用性和有利性。严格说来，这些是开发成本，因此在逻辑上属于前一节。但是，实际上一个进入贫穷社会出售新农业要素的企业很少能不花一些附加的开发成本。把这些支出作为"适应的成本"是恰当的。这些成本的多少取决于要素开始时的适用程度大小，取决于企业学到了多少当地的经验，也取决于企业使用这些经验，以使某种要素适应该社会的农业环境时的效率。适应的成本在企业的总成本中并不占某种固定比例，因为这种成本对不同要素和不同社会而言差别很大。

企业向农民提供新要素信息的成本在确定营利企业对实现农业现代化所起的作用中是一个关键的变量。把美国和危地马拉的帕那加撒尔进行比较是研究这种成本的一种有用方法。在美国有许多定期向农民传播各种技术和经济信息的农业杂志、报纸、广播和电视节目，而且，这些信息供给者的服务是出租的，因此一个开始分配新农业要素的企业可以作广告以及购买广播和电视的时间向农民传递关于企业某种商品的信息。此外，这里有高度发达的农业推广站，其任务是把许多物力用于向农民传递新生产要素的信息。比这一切更重要的是农民所获得的教育。当人民是文盲时，农业杂志和报纸显然是不可能起作用的。关于一种新要素技术的特征及其使用方法的教育，是复杂的科学技术教育，其前提是有较高的知识水平。就农民而言，这种有用的知识是以他们的经验及其教育水平和程度为基础的。

相比之下，在危地马拉的帕那加撒尔，这些为营利而专门向农民传递信息的补充性企业并不存在，而且，这里没有农业推广站，没有适用的技术经验，也没有教育可以依靠。假定一个供给者打算出售一种良种，这种良种要求施用特殊混合型的化肥，特殊的农药，并要求改变灌溉的做法，那么，即使这种新农业要素潜在的市场很大，但按企业的成本来衡量，在这种社会里向农民传播关于这种新品种及最好地种植它的信息也是一件很难办到的事。这些成本可能是很大的。

私人企业还经常面临着需要花费某些成本的政治障碍。如果是一个外国企业，它还会遇到一种或几种进入某个国家的特殊条件。它可能得不到与新要素相关的技术信息和经过实验的配种家畜。例如,在杂交玉米的案例中,用杂交生产某种杂交品种时所需要的近交系可能买不到或被企业用于营利。格里利切斯观察到,美国南部地区引进杂交玉米比较迟的原因之一就是当地私人种子公司在获得实验站培育的近交系时所遇到的障碍。①

一旦进入该行业的成本确定了,关键就是市场规模。这里难就难在这些新农业要素的市场一般都非常小。单靠许多农民并不能形成一个大市场。一个典型的衣阿华州农场所需要的玉米种子比整个帕那加撒尔种植的都多!在解释私人种子公司能进入美国各地区出售可接受的杂交玉米品种的时间差别时,市场的密度显然是重要的。②

在私人公司能进入这一领域之前,经常需要非营利机构来开辟道路。如上所述,通过向农民传播技术和经济信息的非营利机构,进入该行业的成本可以大大减少。成本与收益中所包含的是分配新农业要素中营利企业与非营利"企业"之间的分工。

非营利企业。穷国的农业部可以从事一项分配新农业要素的方案。地方实验站可以向农民分配新品种种子以便在实际耕作条件下进行检验并诱使农民采用这些品种。为了这个和其他目的可以建立农业推广站。学校也可以直接作出贡献,或长时期通过提高农民的教育水平间接地作出许多贡献(下一章主要讨论这一问题)。还有一些其他办法,包括慈善性的基金会,例如福特基金会

---

① 兹维·格里利切斯:《杂交玉米与创新的经济学》,载《科学》,第132期(1960年7月),第275—280页。

② 同上书,第276—277页。

在印度的农业计划和洛克菲勒基金会在拉丁美洲的农业计划；宗教团体[①]提供援助来支持学校和农业计划；联合国粮农组织；以及外国政府通过向农业提供技术援助的经济援助方案的帮助。[②]

但是，经济分析对研究这种公共和私人非营利机构的活动能作出什么贡献呢？答案在于这些机构生产了有经济价值的服务并在从事这些活动时使用了某些资源这一事实。这些机构虽然不受考虑市场是否赢利的影响，但它们要服从于经济评价，因为它们同样付出成本而且同样产生收益。如同收益率的概念当然也可以用于对建筑物、设备和供买卖的存货投资一样，它在原则上完全适用于对教育、研究、开发新生产要素、推广工作和通过非市场的安排对农民进行各种培训的投资。作为本书研究的基础的基本假设是，这样来看待非营利机构的这些特殊活动在逻辑上是允许的，在经验事实上是可能的。虽然这些机构是根据非营利的基础组织的，但仍把它们作为企业。

再假设有这样一种情况，商业企业之所以不能向某个贫穷社会提供新农业要素是由于进入的成本非常高而市场太小，以至于供给新要素对这些企业来说是一项无利可图的冒险事业。有什么理由可以认为，当非营利企业所花费的全部实际成本要由受益的社会或国家从它们得到的收益中偿付时，由一家或几家非营利企业承担这一项任务会更"有利"呢？实际上有充分的理由可以对这一问题作出肯定的回答。在科学和技术研究方面，已提出过这些

---

① 詹姆斯·G. 马多克斯(James G. Maddox)：《宗教组织对拉丁美洲的技术援助》(芝加哥，芝加哥大学出版社，1956年)。

② 阿瑟·T. 莫舍：《拉丁美洲农业的技术合作》。

问题。继续研究这些问题是有益的,因为在原则上它们也适用于研究和分配新农业要素相关的成本和收益。

营利企业在从事农业研究中不能达到社会最优化的原因基本有两类:1)它们不能占有这种研究工作的全部收益;2)它们一般不能建立一个最优规模的研究机构。为了说明这一点,我们必须再回到杂交玉米上来,因为还没有一种其他新农业要素的基础经济学被如此细致而全面地分析过。主要使用实验站培育出来的近交系的私人种子公司并没有得到过多的利润。显然实验站并没由于他们成功地培育出近交系而致富。正如格里利切斯所说明的[①],尽管研究的费用非常巨大,但根据1955年的材料,这些研究费用每年的收益大约是700%。私人种子公司的收入中显然并没有这种巨大的收益。它也没有转为支持实验站的拨款。它同样也没有归于采用杂交玉米的农民。它主要是使消费者受益,因为玉米是生产许多畜产品的主要原料之一,它由于降低了玉米的相对价格而成为消费者剩余。因此,杂交玉米的大部分利益是体现在消费者的实际收入上。如果商业企业能占有全部或大部分这些收益,它们显然就会发现,参与杂交玉米培育的全部研究工作是非常有利的。但是,因为这是不可能的,所以生产额外的实际收入的这种廉价来源的唯一方法是发展这里所讨论的那种非营利企业。

农业推广站的经济学在很多方面与农业研究机构的经济学相

---

① 兹维·格里利切斯:《研究费用与社会收益:杂交玉米与相关的创新》,载《政治经济学杂志》,第66期(1958年),第419—439页。根据1955年的材料,按10%的收益率计算,过去累积的研究支出已达1.31亿美元。每年总纯收益达到9.02亿美元,这表示收益率是689%。参看表2,第425页。

似。存在着重要的规模考虑。要使农业推广站有效率,就不能把它的活动局限于促进一种或少数几种新农业要素的使用。例如,它应该向农民传播与生产有关的其他信息,以及与影响农民生活水平有关的消费、价值观和嗜好的信息。商业企业也不能组织有效的推广站,这是因为这种机构的规模问题,以及商业企业不能占有大部分收益。假设像印度这样的国家给予一个营利企业建立以促进销售新农业要素为目的正式的农业推广站的特权,但由于上述原因这仍不是一件有利可图的私人事业。首先,这个企业的花费将十分巨大。其次,与研究工作中的情况一样,它并不能占有全部好处。即使是通过向农民提供新生产要素信息的基础上的推销工作,增加销售的全部收益也不能由这种营利企业所占有,除非这家企业得到了对所有新农业要素完全垄断的特权。不能设想哪一个开明的政府会赋予营利的企业以这种垄断。另外,商业企业也不能占有由这种农业推广站所产生的许多其他收益。当然,可以认为,摆脱这一困境的出路是赋予商业企业以一种特权,这种特权不仅能使它垄断所有新农业要素,而且有权对它的各种其他服务收费;占有这种其他收入对企业是有利的,从而就可能建立一个由营利企业所主持的正式的农业推广站。支持这种方法的主张显然要求一些条件,这些条件是如此不易,以至于这种方法完全是不现实的。

因此,在评价非营利企业在贫穷社会分配新农业要素中所能起的作用时,绝不能忽视规模条件的含义。如果把这些非营利企业局限于一个并不比帕那加撒尔和塞纳普尔大的社会中,那么,要让他们进行有效的组织工作是不可能的。

实际的问题是要找到一种完成这一任务的有效的非营利方法。一个穷国可以吸引某些外国机构,例如,一个基金会①或友好政府,或联合国的机构,来提供某些技术援助。但是,就大多数情况而言,一个穷国一定要发展自己的、执行这一职能的机构。只有在这样做时,它才会为私人公司参与某些新农业要素的分配开辟道路。也才会使非营利企业和营利企业实现专业化,以便达到它们之间的有效分工变得必要。在努力使农民依靠低生产率而又无利可图的传统生产要素的地方实现农业现代化过程中,供给这些再生产性农业生产要素方面的基本要求是:投资的预期收益率应该是高的。

---

① 洛克菲勒基金会最近的两个年度报告——《1959—1960 年农业科学规划》(第 292 页)和《1960—1961 年农业科学规划》(第 326 页)——对基础研究工作的复杂性和规模问题是很有启发的。据报告,在 1941 年到 1960 年期间由这个基金会代表的墨西哥农业科学支出的财政支出总数如下:

1.	经营计划	7,317,000 美元
2.	资助计划	1,606,000 美元
3.	奖学金	292,000 美元
	总计	9,215,000 美元

每一个想知道在像墨西哥这样的国家发展一个成功的农业研究和推广计划要包括什么内容的人都应该读一读 1960—1961 年的年度报告。

第十一章　农民作为新要素的需求者

按城里人的看法，农业是因循守旧的堡垒，因此，认为农民会放弃旧习惯并需要新生产要素是不可思议的。如果各地的农民总被传统束缚，那么，把农民作为非传统生产要素的需求者当然就毫无意义了。但是，现代农业显然是农民获得并学会使用优良的新生产要素的结果。这种对新农业生产要素的基本需求并不是哪一个地方的农民所特有的，例如，它就不是著名的衣阿华州农民所特有的。还在20世纪初之前，丹麦农民就实现了这种改造。在最近几十年间，日本和墨西哥农民对新农业要素的需求也十分强烈。有一种观点认为所有的农民都受到了传统的约束，因此，对他们来说要实现农业现代化是不可能的，这种看法是一种神话。

在考察了农业要素的供给者后，下一步就要考虑这些要素的需求者农民。这里有三个关键问题。当供给者能够提供这种要素时，贫穷社会的农民在什么条件下会接受这些要素？在什么时候，甚至当这些要素还不容易得到时，农民就会寻求这些要素？在学会最好地使用新要素中，在职培训、教育和经验的重要性有多大？本章的目的正是要考察这些问题中所包含的内容。这种考察需要分析对新要素的接受、对新要素的寻求以及学习使用新要素。

接受的速度

什么因素决定了农民是否接受一种新农业要素呢？假定一种新要素是可以得到的，而且需求者对它有某些了解，包括了解获得它的条件。一种方法是根据文化这一变量来解释接受速度的差别。另一种方法是根据有利性来解释接受速度的差别，本书所遵循的正是这种方法。

有利性。格里利切斯在解释杂交玉米的推广方式时，所得出的结论是："从自然授粉品种转变为杂交品种时绝对有利性的差别是用来说明不同地区接受杂交玉米速度的差别的主要因素之一。"[1]有利性这种方法也解释了贫穷农业社会的接受问题。尽管过去写的所有文章都是要说明贫穷社会的农民受到各种各样的文化限制，使他们在接受一种新农业要素时对正常的经济刺激毫无反应，但对接受某种新要素时所观察到的时延的研究表明，可以用有利性对这些时延作出令人满意的解释。雷杰·克里斯娜对旁遮普邦棉花种植者对供给的反应，包括对接受更好的新棉花品种的反应所作的开创性研究有力地支持了这种看法。[2]在《一个便士的资本主义》中塔克斯观察到，在这个社会里对新要素所作出的反

---

[1] 参看兹维·格里利切斯：《适应性与有利性：一种虚假的区分》，载《农村社会学》，第25卷，第3期(1960年9月)，第354页。还可看他的基础研究：《杂交玉米：对技术变化经济学的一种探讨》，载《经济计量学》，第25期(1957年)，第501—522页。

[2] 雷杰·克里斯娜：《旁遮普邦(印度—巴基斯坦)农户对供给的反应：对棉花的一种研究》(未发表的博士论文，芝加哥大学，1961年)。

应是积极而强烈的。当秘鲁高原上的印第安人能够得到的马铃薯品种比传统的品种更能抵抗病虫害时,采用这种抗病虫害能力强的品种所能带来的产量显著增加,使得接受新品种成为一件轻而易举的事。在墨西哥农民接受已被证明产量高于传统品种的玉米和其他作物的新品种方面也有类似的情况。

因为有利性的差别是一个有力的解释性变量,所以就不必去求助于人性、教育和社会环境方面的差别。用生活水平指数来解释接受杂交玉米速度的差别,实际上证明是不成功的。① L. 布兰德(L. Brandner)和 M. A. 斯特劳斯(M. A. Strauss)研究杂交高粱在堪萨斯州的推广时也抓住了这个问题。② 但是,正如格里利切斯指出的③,他们两人讨论问题的根据是在"适应性"与"有利性"之间作了某种虚假的区分。

有利性的概念并不仅限于市场交易。某种主要维持生活的作物(例如秘鲁高原上的马铃薯和墨西哥某些地区的玉米)的产量增加,即使这种作物并不出售,也可以说是"有利的"。而且,有一点可能是事实,即对基本是自给自足的农民来说,从接受新农业要素获得利润的可能性一般要小于商业性农民。还应考虑到所增加的生产用于出售时对农产品价格的影响。当市场小而且需求缺乏价格弹性时,引进一种增加生产和销售的新农业要素的有利性在一

---

① 兹维·格里利切斯:《杂交玉米与创新的经济学》,载《科学》,第 132 期(1960年7月),第 277—279 页。

② 布兰德和斯特劳斯:《杂交高粱推广中的适应性与有利性》,载《农村社会学》,第 24 期(1959 年),第 281—283 页。

③ 兹维·格里利切斯:《适应性与有利性:一种虚假的区分》,第 354—356 页。

段时期内可能会缩小甚至消失,当然,农民可能预见不到这种结果。在一个大市场上,对某些农民所增加的销售的需求有很高的价格弹性,这样,情况显然就会有利得多。人们经常强调有利的国外市场在实现农业的经济增长中的重要性。这方面有过许多例子。A.J.扬逊(A.J. Youngson)进行的研究更好地证明了这一点,说明在19世纪后半期英国畜产品市场的开辟和迅速增长对丹麦农业何等重要。① 最近墨西哥棉花生产迅速和大规模的扩大与美国为了维持世界市场上有利的棉花价格水平而采取的棉花的支持价格不能说没有关系,墨西哥农民对此作出了最成功的反应。

决定有利性的因素。某些研究者常犯的错误是,仅仅根据其他地方农民使用某种新农业要素的有利性而断定贫穷社会的农民获得并采用这种要素也理所当然地是有利的。关键当然在于新要素在贫穷社会里的价格及其产量。它的价格可能比较高的理由在于需要反复提到的原因,即私人公司会发现,相对于市场规模而言,供给一种新品种种子、肥料、农药或简单机器,其进入成本是高的。

前面还没有讨论过与产量相关的因素,而这些因素是相当复杂的。已经提到过的一个方面是关于供给者如何成功地培育新要素并使之适应于该社会的农业条件。美国的杂交玉米一般产量超出自然授粉品种的15%。贫穷社会的农民所得到的不很适用的杂交品种不会比这更好,然而,这是假定产量增加的百分比是同样的,即都是增加15%;在玉米的正常产量是每英亩20蒲式耳的贫

---

① A.J.扬逊:《经济进步的可能性》(剑桥,剑桥大学出版社,1959年),第10章。

穷社会里,从自然授粉品种转为杂交品种每英亩产量只增加了3蒲式耳,而在每英亩正常产量为60蒲式耳的衣阿华州农场中,采用杂交品种每英亩要多生产9蒲式耳。由于要支付相当高的杂交种子价格,所以重要的是产量增加的绝对量而不是相对量。为了使增加的产量达到9蒲式耳,在开始玉米的产量仅为20蒲式耳时,就要求杂交品种的产量比自然授粉品种高45%。

即使新要素的年平均产量比它所代替的旧要素要高得多,但由于天气、虫害及其他病害,每年产量的变化也很大。此外,由上述原因所引起的新要素的实际产量的变动是不可知的,而对旧要素的产量变动,根据多年来的经验是了解的。因此,在新要素的预期产量中就必然有这些风险和不确定性的新成分。在确定有利性时应考虑到这些风险和不确定性,特别是因为按物质储备和经验来看,贫穷社会的农民对付这些额外风险和不确定性的能力不如高收入国家的农民,所以就更应该考虑到这一问题。

农业租佃制度对农民实际采用新要素的有利性显然是有影响的。在土地所有者和农民之间分摊成本和收益的方式有时会把为获得与采用新要素所需要的全部追加成本都加在农民身上,而只让他得到由此所增加的部分产量。众所周知,在这样的租佃制度之下,要使农民用于新要素的额外成本与额外(总)收益相等是不可能的。当一个农民只得到所增加的产量的一半时,这就意味着,作为刺激农民接受或不接受一种新要素的"有利性"只是真正有利性的一半。

为了理解近几十年中苏联农业引进新农业要素收效甚微的经济基础,就必须运用刚才提出来的方法,即分析农业租佃制度。用这种方法可以说明许多已经发生和仍在发生的问题。在苏联,"地主"是国家,而"农民"是集体和国营农场的管理者、在农村工作和居住的许多拥有小块土地的居住者。这些居住者还在自有的小块土地上耕作着。① 基本的"租佃制度"决定了成本和收益如何在"地主"与"农民"之间分摊。这种制度使得一种新农业要素的真正有利性只有部分归农民所有。因此,接受、采取并使用新要素的经济刺激受到严重损害。要成功地从上至下地引入大部分新农业要素也是不可能的。

因此,作为一种总结现在可以说,贫穷社会农民接受一种新农业要素的速度可以根据采取和使用该要素的有利性作出最好的解释。有利性取决于价格和产量。仅仅考察产量的相对增加是不够的。成本的支付与利润的获得,要靠绝对产量的增加。新要素与被其代替的旧要素之间逐年产量波动的差别是非常重要的。决定地主与农民之间如何分摊成本和收益的租佃制度,包括它在苏联形成的变种,可能会限制对一些要素的接受,而那些要素如果是在更加适宜的制度下会是十分有利可图的。有效地使用新农业要素所要求的更多的知识和技能不是最不重要的,而是到此为止还没有加以讨论。在我论述这些问题之前,简要地评论一下对信息的寻求是合适的。

---

① 西奥多·W. 舒尔茨:《大型拖拉机和许多锄头:评苏联农业》(根据 1960 年夏季在苏联所观察到的情况而写),芝加哥大学,第 6006 号论文(1960 年,油印本)。

第十一章 农民作为新要素的需求者

对新要素的寻求

在某些情况下农民大概要花费时间和金钱去寻求新农业要素。在美国,某些农民密切注意一个或几个实验站的研究,以便看看有没有什么他们可以采用的利可图的新发现,这种例子很多。研究新农业要素需求者的这类行为的有用分析方法是把成本和收益的概念运用于寻求信息。[①] 在前几章已提到了这一过程的某些内容。但是,还没有可供利用的、把这一方法运用于分析需求者这种行为的研究资料。

任何一个处于贫穷类型社会的小农,都绝不会去寻求这类信息,除非附近有某些试验田或是通过某些合作安排来进行这种活动。即使他有心去寻求这种信息,有心依靠自己的力量去这样做,并且到距离遥远的其他农业社会去寻求信息,这对他来说也会是一种无法承担的花费。为此目的而出国更是绝对没有可能的了。

但是,人们也许会认为,经营大企业的农民会积极寻求新农业要素。南美洲某些地区有许多农场按规模肯定属于大农场,从他们使用过时的传统要素来推测,这些农民要么在寻求新要素方面很不成功,要么很不主动,他们在这方面做得不好的原因是一个谜。原因可能在于,采用新要素的成本,对他们来说确实太高了。

如上所述,人们似乎可以根据构成以下论述的暗含假说来预

[①] 乔治·J. 施蒂格勒(George J. Stigler):《信息经济学》,载《政治经济学杂志》,第 69 期(1961 年 6 月),第 213—225 页。

测种植园经营者寻求新生产要素的行为。然而必须承认，对此还没有进行过仔细的验证。弄清楚这一假设是否具有真正的解释性意义是有益的。如果是真有的话，那么就可以根据这一假设指出扩大寻求新农业要素有用信息的范围和有效性的途径。

学会使用新农业要素

令人奇怪的是经济学家和其他学科的学者很少注意学会有效地使用新农业要素的过程。要求学习多少呢？在这方面，显然有些新要素是简单的，而另一些要素是非常复杂的。在这一方面，杂交玉米是比较简单的。然而即使在这里农民也必须学会不从种植杂交品种的地里选下一年的种子，因为杂交品种不像农民所习惯的自然授粉品种那样再生产自己——用这种方法所选的种子会很快改变它杂交的特性。茎可能会变矮，它可能倒伏，穗在成熟后容易脱落，果实可能变软，甚至颜色也会不同。为了获得最好的产量，作物要种得比自然授粉的高秆品种更密一些；需要施用更多的肥料，在能灌溉的地方适度的水的条件大概也与自然授粉的品种不同。因此，即使是像杂交玉米这样简单的要素在能最好地进行种植之前也需要某些学习。就所需要学习的复杂性而言，另一个极端是用高产的奶牛代替普通的奶牛。

人们很容易错误地认为，一旦农民成功地用现代农业要素代替了传统农业要素，就像任何一次性变化一样，此后就不必再去学什么了。在技术先进国家的农业中所看到的情况实际上并不是这样。最近对宾夕法尼亚州典型牧民的实例研究充分说明了这一点。他们在1942年到1959年间采用了许多新农业要素。弗雷德里克·C. 弗利格尔(Frederick C. Fliegel)和约瑟夫·E. 柯夫林(Joseph E.Kivlin)区分出了43种这类耕作做法并发现有50%以上的农场采用了23种,而90%以上的农场采用了4种。① 大量的新生产要素,对这些生产要素的迅速采用,特别是适应这一切的复杂的管理任务提出了必需更多地学习知识,正是这种学习构成作为现代农业特征的生产率提高的基础。

分类。与这方面有关的学习可以分为学习新的有用知识和学习新的有用技能。这些知识与技能往往是互相补充的,而且在某些情况下它们之间的关系实际是固定的,因此就包含了一种不可分性。

可以通过三种方式获得新知识和技能。第一种是沿用已久的方式,即通过试验和错误来学习,由严峻的经验进行传授。这往往是一种代价非常昂贵的方法,技术先进的国家已用其他方法代替了这种方法,因为其他方法是廉价的。在许多情况下,这也是一种学会如何最好地使用现代农业要素的非常缓慢的方法。如果一个贫穷社会完全依靠这种过程,那么,要在十年或一代人的时期内实现现代化的前途确实是渺茫的。第二种学习方法是通过在职培训。这种培训可以由出售新农业要素的企业、像农业推广站这样的政府机构或农民自己来提供。这种培训通过私人企业或政府机构所组织的示范和讨论来进行。有时也可以利用特殊的短期培训

---

① 弗利格尔和柯夫林:《与采用速度相关的改进了的耕作实践之间的差别》,第691号公报(1962年1月),宾夕法尼亚州立大学,农业实验站。

和业余学校。这些培训一般都在农闲季节举办。在实现这一目的方面著名的丹麦农民学校作出了开创性成就。教农民使用和维修拖拉机、联合收割机和其他复杂机械的短期培训也充分说明了这一点。苏联为了实现生产某些作物的田间工作拖拉机化,在这方面投了许多资。在美国,最初把汽车和汽油发动机用于某些农业劳动时就给了农民(主要是年轻农民)以足够的知识和技能,这样,当拖拉机和联合收割机容易得到而且经济时,他们就很便当地使用这些机械了。当引进农田拖拉机时,大多数年轻人已经掌握了所有关于汽油发动机的知识,这的确是真实的。农民们还可以互相学习。首先试用新东西的人就是其邻居的老师。年轻人可以作为雇工在使用现代农业要素的农场工作几年,从而学会使用这些要素。以后,他们会成为独立的农民,并使用这种新知识和新技能。在一个不再满足于只从经验中学习缓慢取得结果,而是希望在短期里取得比通过正规教育得到更多成果的社会里,这一段所简要介绍的第二种方法是基本的。第三种方法是教育,这在长期里是最有效的方法。这里把教育作为一种向人力资本的投资;就现在讨论的问题而言是向农民投资。从长远的观点来看,这类投资对贫穷社会的农业经济增长是如此重要,以至于下一章要专门进行讨论。

　　成本和收益。有用的知识和有用的技能对于达到我们现在探讨的目的是有用的能力,它可以通过经验、在职培训和教育来获得。获得能力的每一种方法都需要某些成本,而其成果大概就在于从与新知识和技能相关的额外生产中所得到的某些收益。经济分析的贡献正在于把这每种活动作为一种投资来考察。一旦确定了每种活动的基本成本和收益,每种活动的投资收益率也就可以估算出来。收益率的差别就是指导私人和公共机构作出对这个领域投资决策的指示器。

除了最近少数对教育的经济价值的研究外,经济学家们还没有研究这个投资领域。甚至在美国,尽管有大批农业经济学家,但这一问题完全被忽视了。毫无疑问,对这些活动的投资不足,特别是美国对农民儿童的教育投资不足,其中一个主要原因在于缺乏有关的经济学信息,因而对投资不足的程度也就缺乏认识。[①]

从这种对把农民作为现代生产要素的需求者的考察可以得出如下结论。在分析所观察到的农民的接受速度时,使用新农业要素的有利性是一个强有力的解释性变量。大多数贫穷农业社会的农民人数少而且与外界隔绝,以至于不能寻求新农业要素的原因在于相对于他们从这种寻求中所能得到的收益而言,花费的成本太大了。许多占有而且经营着很大农场的农民,尤其是南美洲某些地区的这种农民,为什么不能成功地寻求现代农业要素,这是一个谜。农民学会如何最好地使用现代要素,这既需要新知识又需要新技能。这种知识和技能在本质上是向农民的一种投资。仅仅从经验中学习不仅缓慢而且在许多方面比其他学习方法要付出更大的代价。在教育能承担起提供基本知识和技能的工作之前,在职培训起着很大作用,特别是对这一代人更是如此。

---

① 李·R. 马丁(Lee R.Martin)的文章:《需要研究人力、社会和团体的资本对经济增长的贡献》,载《农业经济学杂志》,第 45 期(1963 年 2 月)。这篇论文很有用,它概述了这方面的文献,特别是它以农业为对象。还可以参看作者的《教育的经济价值》(纽约,哥伦比亚大学出版社,1963 年)。

第十二章 向农民投资

以下的主张具有激进的社会和经济含义。这种主张包括两个论点,即农民所得到的能力在实现农业现代化中是头等重要的;这些能力与资本品一样是被生产出来的生产资料。对大型人口群体来说,天赋能力的水平和分布大概是趋向于相同的。但是,关键是后天获得的能力。它显然并不是在出生时、在十岁时、甚至在以后受完中等和高等教育的年龄时就既定的。虽然在一生中人的技能与相关的知识都可以得到提高,但有充分的文化和经济方面原因可以说明在年轻时就获得了大部分知识和技能。还有一件基本经济事实,即获得能力并不是免费的;这些能力需要有实在的、可以确定的成本。这些成本在本质上是一种人力资本的投资。

现在越来越多地用"人力资源"这个词来估计工作人员的数量和质量,无论这些人是熟练工人还是非熟练工人,或者是作为管理者、企业家、计划者和政府行政官员而发挥作用。这一章正是要研究农民的质量因素。增加对这一因素的投资有几种形式:教育、在职培训以及提高健康水平。但是,还有其他向农民投资的方式,特别是向那些没有机会上学或即使上过学但所受教育少得可怜,以致实际上不能算成有文化的人投资。

本书研究的中心论点是把人力资本作为农业经济增长的主要源泉。它可以表述如下:贫穷经济中增长缓慢的经济基础一般并

第十二章 向农民投资

不在于配置传统农业生产要素方式的明显低效率；也不能用对这类传统要素的储蓄和投资率低于最优水平来解释，因为在正常的偏好和动机为既定的条件下，边际收益率总是太低，不能保证有追加的储蓄和投资。在这些条件下，迅速增长的经济基础不在于提倡勤劳和节俭。增长的关键在于获得并有效地使用某些现代（从贫穷经济中人民的经验来看就是非传统的）生产要素。如上所述，这些现代生产要素往往被经济学家用"技术变化"来解释。其中，现代农业要素的供给者是在农业实验站工作的研究人员。他们在这一问题上的贡献是非常重要的。在新农业要素确实有利可图时，农民的作用是作为新要素的需求者来接受这些要素。但是，典型的情况是传统农业中的农民并不寻求这些新要素。最后，主要取决于农民学会有效地使用现代农业要素。在这一点上，迅速的持续增长便主要依靠向农民进行特殊投资，以使他们获得必要的新技能和新知识，从而成功地实现农业的经济增长。

但是，存在一个明显的问题，即这种论点是不是过分重视农业中人力资源的质量呢？回答这个问题的一个方法是对比地来看待农民。① 假定美国农业部门在耕作中所使用的土地和再生产性物质资本与现在的一模一样，再假定现在所有从事农业的人统统被只具有一个世纪前的耕作经验而又没有受过教育的人所代替。很显然，这对农业生产将产生极不利的影响。再继续推论下去，又假定由于出现了某种奇迹，印度或另一个像印度这样的低收入国家

---

① 这里部分根据作者的《关于向人投资的说明》，载《政治经济学杂志》，增刊，第70期（1962年10月）。

在一夜之间获得了一套可以与美国农业中使用的相比的自然资源、设备和建筑物,以及所有其他现代(物质)农业要素,那么,在印度农民现有的既定技能和知识的条件下,他们能用这些要素做什么呢?毫无疑问,物质资本与人力资本之间将产生巨大的不平衡。

在论述与向农民投资相关的成本和收益之前,还要研究几个次要问题。这些问题可以作为疑问提出来。为什么在历史上不依靠农民的质量因素也有过农业生产的大幅度增长呢?为什么西欧早期的工业化是依靠无文化的劳动力进行的呢?历史上什么地方的农业是把教育作为增长的源泉呢?为什么不能进口所需要的技能呢?

农业增长和人力资本的回顾

即使对经济史有一点了解,也会对农业增长是紧紧依靠农民所获得的能力产生某些疑问。实际上有关农业的历史记载也说明了,无文化的农民有时也能使农业生产迅速增长。农业的这种增长并不先要有教育、培训和更好的保健。这些东西是后来才有的,这就像农民有了钱才买得起高档消费品一样。在考察对新农业要素的接受速度时,已经证明有利性较之广泛的文化差别,其中也包括教育和保健的差别要重要得多。因此,认为这里所说的向农民投资主要是消费难道不正确吗?

这里要遇到几个问题。几乎没有受过什么教育的农民怎么会从农业中实现经济增长呢?不是有这样的国家吗?它们向农民投资量增加了,但在农业生产方面并没有明显的效益。在所要求的知识和技能方面,工业与农业之间难道没有什么突出的差别吗?

欧洲人及其后裔在美国、澳大利亚和新西兰的殖民引起过农业生产的大幅度增长。虽然与当时世界上其他地方的大多数农民比起来,这些农民有较高的技能,但这个时期的关键是为按欧洲式耕作开垦了大量土地,是由于运输的现代化和运输费用下降所带来的有利性。(艾尔弗雷德·马歇尔在《经济学原理》第8版的序言中把这种发展作为解释土地地租下降的关键。)总的说来,这种农业生产的增长并不依靠农民获得并有效地使用一整套现代农业要素。它要求有大量的体力和某些耕种新土地的资本品。主要用于解释的变量是农田供给的迅速增加。为了耕种土地,健康的身体及所具有的精力和耐力是重要的。即使在使用几种可用于播种、耕作和收割某些作物的新农业工具时,事前的教育也只起很小的作用。但是,除了在拉丁美洲的少数几个地区和某些由于缺乏道路及其他交通设施而无法进入的地区,好的农田不再能任意取用了。

再举另一个例子,虽然水是由无知的农民使用的,但遍及印度的灌溉设施的建设还是导致了大幅度的农业增长。灌溉条件下的耕作不是一件简单的事,但这是印度部分地区长期以来就有的传统耕作方法。即使这样,新灌溉地区的农民仍要学习许多知识,文献中充满了惋惜之情,表明这个学习过程是如何缓慢和困难。

苏联也没有等到农业劳动者受了更好的教育,就迅速实现了田间作业的机械化。但是,苏联在这种情况下做了许多工作来增加农民的现有技能。组织了一系列培训班和职业学校来培养拖拉机驾驶员和联合收割机操纵手。① 建立了机械和拖拉机站,并且配备了受过操纵和修理新式农业机械的特别培训的人员。

在一个以奴隶制为基础的经济中,假设应该是,如果奴隶主为其奴隶获得新技能而进行投资是合算的,那么奴隶主就会投资。既然在奴隶制存在时奴隶主进行这种投资的情况看来极少,那么推论的结果应该是,对奴隶投资是不合算的。然而,对奴隶投资不合算的原因是很明显的。如果考虑到奴隶的寿命很短,那么偿还投资的时间就比较短了。要求奴隶所干的活(例如锄棉花、砍甘蔗)都需要很大的体力。② 无论在任何地方,凡以奴隶制为基础的种植园都不知道有什么技术进步;它们的基本常规是使用强制劳动。教育对实施这种劳动常规是危险的。但是,为什么没有更好的保健,以便延长寿命,实在是令人不解。

向农民投资的下一个问题是关于这种投资对农业生产几乎没有什么有利影响。很难看出有什么支持这种关系的明显历史事

---

① 阿卡迪欧斯·卡亨(Arcadius Kahan):《苏联职业培训的经济学》,载《比较教育评论》,第4卷,第2期(1960年),第75—83页。

② 作者试图检验这个假说:内战前的美国,在那些农业要求某些技能和允许奴隶从事非农业技术工作的地方,奴隶主培训过奴隶。很难找到一些基本事实。但是,也找到一点支持这一假说的资料。例如,在某些大河流的三角洲(例如,沿着密西西比河的三角洲)需要的奴隶是完全从事无技术的体力劳动的强壮男性青年。在南部一些开发早的地区,农业已发展为较复杂的作物种植方式而且有了一些畜牧业,在这里还允许奴隶成为泥瓦匠、木匠、简单的铁匠以及准备并加工肉食的屠夫。在这个地区就培训过奴隶来从事这些工作。此外,具有这些技能的奴隶还被其主人租给那些想要劳动力来干这类工作的人。在新奥尔良州,出现了一些让奴隶识字的教育,而且有少数奴隶还非常成功地做了家庭教师。但在讲英语的其他城市,州的法律禁止对奴隶进行这种教育。这项禁令的一个原因大概是认为识字会增加奴隶逃往北方的机会。在讲法语的地方,这种恐惧似乎并不十分明显。

实。有很多例子是农民受到更好的教育为年轻农民寻找非农业工作创造了条件,因为他们大概能靠新获得的能力到农业部门以外去赚更多的钱。但是,显然没有一个例子表明受到更好教育的农民继续留在农业中,这是与一个停滞的农业相联系的。看来这并不是一个真正的问题。

但是,各种历史资料都表明,农民的技能和知识水平与其耕作的生产率之间存在着密切的正相关关系。一个例子是第一次世界大战前,由于某些原先种植低廉谷物的衣阿华州和伊利诺伊州的农民迁移到主要种植稻米的路易斯安那州,美国的稻米种植和生产有了显著的进步。① 另一个常被引证的例子是住在亚拉巴马州沙德马太地区的德裔农民所得到的较大成功。在南美洲部分地区有许多欧洲人和日本人移民的小片农业"飞地",他们达到的生产率水平高于其周围的农民。

众所周知,移民往往比在自己所离开的国家能获得更大的成功,而且也在从事的职业上较当地人更加成功。为解释这些双重结果而提出来的一个假说是,按生产率来衡量,人们对他们的经济环境中的这种变化反应是非常积极的。还有另一个在这里要采纳的假说。它包括两部分:1)在新地方比他们所离开的地方生产相对增加的基础是经济机会的差别,以及 2)移民所达到的产量相对高于当地邻居的原因在于有用的技能和知识的差别。在这些情况下,移民在技能和知识方面有显然的优势。虽然仔细地检验这些

---

① 西奥多·W. 舒尔茨和 C.B. 里奇(C.B. Richey):《美国的稻米种植》(衣阿华州立学院,1933 年 4 月,油印本)。

假说还有待于进一步的工作,但对某些资料的初步考察是有利于后一种看法的。

工业化的教训①

因为存在着一些反对在工业化早期阶段任何一种向人力资本进行大量投资的顽固信念,所以考察这些信念有助于进一步阐明我们所考虑的问题。

首先让我们来分析关于开始工业化时做事应遵循的顺序的信念。如果一个穷国把其更多的资源用于教育,那么它就只能把较少的资源投资于新工厂、设备和存货。因此,人们认为,存在着一种自然顺序,即首先发展生产率更高的工厂,然后再把所得到的收入用于教育。按这一顺序,一个国家就要使马在车之前。可以引用许多历史事实来支持这种顺序。在西欧早期工业化期间,首先有了工厂和设备,隔了很长时间以后才搞学校和保健设施。那个时期的政府和商业暴发户也不以他们普遍关心劳动者的福利而闻名。劳动力是丰富而廉价的;主要是无文化又无技术的劳动力;劳动力所从事的大部分体力劳动要求最大的体力。顺便提一下,从事不熟练的体力劳动的这种能力是古典的劳动概念,虽然这种概念显然是错的,但经济学中的许多问题仍然与它有关。因此,改善工人的技能、知识和健康的计划并不是工业革命这一时期中取得

---

① 这一节部分根据了作者在得克萨斯州达拉斯的南卫理公会大学所作的演讲,这篇演讲发表在《对外贸易与人力资本》一书中,保罗·D. 佐克(Paul D. Zook)编(达拉斯,南卫理公会大学出版社,1962年),第3—15页。

进步的先决条件,这确是事实。那么,为什么教育在今天是基本的呢?回答在于现在穷国从事工业化时并不是使用一两个世纪前那样简单而原始的机器和设备。即使他们希望用那样简单的设备,也是办不到的,因为那些东西都已成为博物馆的收藏品了。

另一种经常表现出来的观点根据了这种观念:一个穷国只能使用少量熟练工人,因为一般说来穷国主要是农业国,农业是落后的,而落后的农业不能雇用文化水平高的工人。因此,虽然新技能和知识在高收入国家是有用而有价值的,但在穷国则被认为是多余的。当然,这个问题主要是指农业,以后我们将要考虑这一点。

许多文献宣称,穷国存在着许多"失业的知识分子",而且这些文献接着又强调了这种类型失业中所固有的社会压力和政治危险性。显然,有一些从国外学习归来的学生发现,要找到一份能很好地使用自己新技能和知识的工作是困难的。有人认为,在这一意义上,教育是一个穷国无法承担的奢侈品。造成这种情况的真正问题看来应该是知识分子和归国学生所具有的技能和知识在经济工作中是否有用,以及是否适应这些国家的经济条件。

还有另一种关于教育的观点可以追溯到对大量涌入不发达国家的西方国家资本的使用。这种资本被用于建筑港口、机场、铁路、纺织厂和其他工厂,而且也被用于建立种植园。没有把这种资本用于建立和经营学校。但是,显然这种资本一般是高生产率的。为什么今天为相同的目的而输入的资本不能得到那样令人满意的结果呢?这里的中心问题是,一旦这些新企业建成后,由谁来管理。如上所述,一般说来精明能干的欧洲职员伴随着早期的资本输出而来并管理新企业。这种安排现在是大多数从国外获得资本的穷国所不能接受的。那么,谁将去经营并管理新港务局、发电站、铁路,特别是许多用现代化机械装备起来的工厂呢?从最近的经验所得出的教训清楚地表明,有时建设企业比培养经营和管理这些企业的高质量的人更容易一些。

毫无疑问,无论怎么说,限制穷国经济增长的关键因素是资本比较缺乏。但是,这种说法有一个没有回答的问题:缺乏哪种资本?是缺乏传统的再生产形式的资本吗?不。非传统形式的资本是由物质资本和人力资本组成吗?是的。根据某些教育、在职培训和保健设施在本质上是资本的假设,问题就是:相对于向有用的技能和知识的投资而言,对物质生产资料的投资应该多一点呢,还是少一点?最近,与对穷国的经济援助和国外贷款相关的经验同这一问题有联系。

对穷国的经济援助远不如战后对西欧国家的经济援助有效。西欧战后的复兴及以后的增长大大超过了人们的预料,而实际上每个得到经济援助的穷国的增长还没有达到人们的预期。在评论战后欧洲由于轰炸和折旧所引起的工厂和设备的严重损失的影响时,经济学家们高估了这种损失对欧洲复兴的限制作用。[①] 人们低估了复兴和增长的前途,这是因为在辨别和衡量生产能力时没有考虑到在战争的斗争和摧残下存留的人力资本及这种资本在现代经济的生产中所起的重要作用。另一方面,又高估了穷国的经济增长潜力,而且这也是由于同样的基本原因,即忽视了增长中的

[①] 作者在《向人的资本投资》中详细讨论了这一问题,载《美国经济评论》,第51期(1961年3月),第6—7页。

关键因素人力资本,从而,在没有向人力资本投资的情况下,仅对追加的物质资本寄予很大的希望。对这两种情况的错误论断都是依靠片面的而不是全面的资本概念的结果。

该问题的另一方面是穷国只能以非常缓慢的速度使新的外国资本很好地发挥作用,这方面也可以用同样的方法解决。那些负责让穷国得到这种资本的人经常提到的判断是:外国资本在最好的情况下也只能"缓慢而逐渐地"被吸收。但是,这种经验与一种广泛的印象是不一致的,这种印象是这些国家之所以贫穷主要是由于其资本太少,所以增加资本是它们更迅速地实现经济增长的真正关键。要协调这两种看法,这里也只有将片面的资本概念转变为全面的资本概念。穷国从国外得到的新资本一般都用于形成设备和建筑物,而没有用于对人追加投资。因此,人的能力与物质资本不相称,这种能力就成了经济增长中的限制性因素。所以毫不奇怪,由于仅仅增加某些物质资源,吸收资本的速度必然是低的。

教育的价值何在

因为教育是人力资本中最大而且最容易理解的组成部分,所以教育是向人投资的合适代表。教育在农业中什么时候变得重要了呢?首先是一国生产者,而后是其他国家生产者采用新的生产投入品而引起的每英亩产量的增加有力地表明,在甘蔗生产的情况下,广泛采用这种投入品并不取决于农民受教育程度的差别,而在种植稻米或玉米的情况下,教育的差别可能是主要的解释性因素。在第一次世界大战前的一些年份中,主要产甘蔗国之间产量的差别是很大的。以后产量的这种差别变得小多了。除少数例外,甘蔗生产的组织都是以压榨和加工甘蔗的工场为基础的。无论这种工场是种植园组织的一部分还是种甘蔗农民的合作事业的一部分,该时期种植和收割甘蔗的工人或农民大多是文盲。相比之下,稻米(或玉米)的产量在近几十年间变得差别日益增大。稻米产量的差别与种稻者受教育程度的差别是紧密相关的。在那些教育水平高的国家,稻米产量也高。投入品的新组合是某些国家特别是日本稻米产量大幅度增加的原因,但那些种植稻米的农民基本是文盲的国家一直没有采用这种新组合。

采用并有效地播种和收割甘蔗看来并不取决于那些在地里干活的人的教育水平。在锄棉中与教育相关的能力也没有任何经济价值。但是,使用现代农业投入品去种稻、种玉米或从事乳制品业看来完全是另一回事。这种对比就意味着根据技能和知识对农民作出简单化的区分。在一种情况下教育看来并不重要,而在另一种情况下就很重要。

不依靠追加教育投资的增长。在许多其他历史环境下,农民所受教育的差别在农业增长中只起很小的作用,我们已考察过这些情况。这些情况包括由开辟新农田所引起的增长,主要由公共机构提供水利灌溉所引起的增长,以及通过从其他部门引进熟练技工、从农村招募工人加以特殊培训使之会操纵与维修机械而实现的田间作业机械化所引起的增长;此外,还包括小的调整便能采取并有效使用有利的新农业要素而引起的那些增长。以前提到的杂交玉米便是这方面恰当的例子。但是,要达到最好的产量,仍要求进行新的实践。在印度的旁遮普邦,在按当地的实践种植时,杂交玉米与当地玉米之间每英亩纯收益的差别是杂交玉米仅比当地玉米高出10%。① 但是,当引进了间种技术并且施用了肥料时,其每英亩的纯收益差别则增长到45%。

还有另外一些环境,在这些环境下无论教育水平如何,农业也会增长。当农产品的新市场使扩大生产有利可图时,这种情况就是真实的。上面所提到的最近这种发展是美国实行棉花支持价格的结果,这种政策在第二次世界大战后的早期把大部分世界市场(以及稳定的棉花价格)给予了棉花出口国家。当墨西哥政府在非常适于种植棉花的地区修建了许多水库和灌溉设施时,就出现了这种情况。但是,如果认为给穷国的农产品开辟许多新的国外市场总是前景乐观,则是错误的。在这方面,更多的还要依靠对改善国内交通运输和提供更好的销售设施进行投资,因为在许多情况下这种投资会降低那种把贫穷农业社会中仍然孤立的农民同其所出售的那部分产品的消费者分割开来的成本。

依靠追加教育投资的增长。一般说来,在技术上优越的生产要素是农业增长的一个主要源泉的地方,就要考虑教育的重要性。这种说法还意味着,这种增长源泉不再限于采用唯一的一种新要素,而是要求成功地采用多种这类农业要素的混合,② 而且,进一步来说,采用的过程是一个漫长的、连续的过程。

---

① 拉塞尔·O.奥尔森(Russell O.Olson):《旁遮普杂交玉米生产的经济学》,美国技术公司赴印度代表团,俄亥俄州立大学分队(1958年12月,油印本)。

② 查尔斯·E.凯洛格(Charles E.Kellogg):《粮食生产基本技术的改造》,载《美国政治与社会科学院年刊》,第331期(1960年9月),第32—38页。

在丹麦,没有向农民教育的大量投资就不会在1870年到1900年之间实现对农业的改造。① 丹麦农业的现代化典型地说明了这一事实:新农业技能和关于农业的新知识可以成为农业增长的主要源泉。大约同一时期,在荷兰的部分地区似乎也出现了类似的农业发展,虽然这种发展并没有引起经济史学者的注意。50年代期间,以色列②农业部门的迅速增长,特别是乳制品业和家禽业的迅速增长,要求高度的技能和知识水平。从事这种农业的人有非常高的教育水平使得迅速地获得这些技能和技术成为可能。我们能从这种特殊经验中得出的推论是:具有高度教育水平的城市人在农业现代化中比教育水平较低的农民要有利。

要了解在亚洲条件下农民所受的教育对农业增长的有利影响,日本的成功是最好的说明。尽管在日本适于耕作的土地面积小带来了某些限制,但农业生产的增长,包括劳动生产率的提高是显著的。在使用新知识和现代物质投入品方面所达到的高度技能不仅实现了一年两熟,而且有些地区实现了一年三熟,同时,每季收成和平均每个农业工人所生产的产量都增加了。依靠两种公共投资使得作为日本农业特征的现代复杂的生产活动方式成为可能,这种投资是:1)向发现和开发特别适于日本的生物和其他条件的农业要素的研究工作的投资;以及2)向教育的投资,这种教育不仅是针对向农民传授知识的作物专家,而且是针对农民本身,尤

---

① A.J.扬逊(A.J.Youngson):《经济进步的可能性》(剑桥大学出版社,1959年)。

② A.L.盖索:《以色列资本存量的使用和产量》,第一号特种研究(耶路撒冷,以色列银行,1961年)。

其是要提高农民成功地使用包括复杂而困难的耕作实践在内的新投入品的能力。

同欧洲的丹麦一样,日本在亚洲表明了一个国家依靠把现代技能和知识运用于农业生产能取得什么成就。正如安东尼·M.唐指出的,日本开始对乡村教育投资是在"尽管政府把教育作为一种投资,但传统农业还不能充分证明这种支出是正确的时候"。①他的研究表明了,日本在1880年到1938年间对"乡村教育和农业的研究、开发、推广所进行的投资"每年所产生的收益率是35%。②

引进技术的经济学③

主要因为许多公共计划都想通过技术援助和相关的经济援助形式把认为有用的技能和知识从一国转移到另一国,于是就产生了以下问题:这些计划在多大程度上是穷国实现农业现代化的有效措施呢?

一个低收入国家既可以引进,也可以在国内生产某种技能和知识。引进又有两条途径:一条途径是吸引外国人来传授其技能;另一条途径是一些人出国掌握了这种技能和知识后再回来。为了

---

① 安东尼·M. 唐:《讨论:美国帮助亚洲低收入国家提高人民经济能力的努力》,载《农业经济学杂志》(论文专号),第43卷,第5期(1961年12月),第1079页。

② 安东尼·M. 唐:《1880—1938年日本农业发展中的研究与教育》,载《经济研究季刊》(第1部分:1963年2月;第2部分:1963年5月)。

③ 与这一节相关的有作者的一篇文章:《美国帮助亚洲低收入国家提高人民经济能力的努力》的一部分,载《农业经济学杂志》,第43卷,第5期(1961年12月),第1068—1077页。

引进技术，一个国家的企业、个人和政府可以雇用外国的农学家、遗传学家、土壤学家、经济学家和有其他所需要的技能的外国人。也可以邀请某些外国人，主要是有名望的人，来进行两周或几个月的巡回访问（也有一种干重活的人来服务一两年）。

引进技能和知识的第二条途径是选派一批人出国去掌握某种能力。这些人可以作为一个特定代表团的主要成员到国外各地旅行，并通过准备不够充分、过分劳累的译员学习了一些不知什么东西。某些出国的人可以短时间住下来到现场实习，或者进学校或研究机关学习。

低收入国家的这些技能和知识的另一个来源是在国内生产它们。在这一方面现在的做法存在着严重缺点。某些低收入国家过分强调引进所需要的技能和知识，忽视生产这些技能和知识；应急计划多，而从事长远事业少；过分重视大学教育而较少发展小学和中学；向外国学生所提供的培训和教育是适应学生在其中学习的所在国经济所需要的技能和知识，从而离低收入国家经济对这种能力的需要太远了；最后，把教育计划和经济发展计划割裂开来也是错误的。

引进或国内生产。各低收入国家与这一问题相关的环境很不一样。同来自外贸的收益一样，它完全取决于表现在要素和产品相对价格上的相对赋予和能力。一般说来，采用哪种方法并不是一定的，因为无论引进的还是国内生产的技能都有其优越性，各自都能服务于不同的技术要求。毫无疑问，在美国工作的墨西哥人从其所获得的在职培训中得到了许多好处。同时，有许多更高的技能可以由墨西哥人在墨西哥技术学校很快学到，这比出国学习

第十二章 向农民投资

要便宜得多。

美国的农学院在出口与农业相关的技能和知识方面大概能起到重大的作用。然而,1959—1960年间在美国高等学校学习的近5万名外国学生中,仅有1,600人左右在学农业。[①] 相对于总注册人数而言,在美国学习的外国学生并不多(与6个欧洲国家在总注册学生数中外国学生占4%—30%相比,美国的外国学生仅占总注册学生数的1.5%)。[②] 更加严重的是低收入国家比较忽视发展完成这一任务的机构。与某些基金会不同,直至前不久,政府机构在协助低收入国家发展有效的教育和研究中心方面,既无权又无能。

应急或长期计划。政府计划比基金会主办的计划做的事要少得多的主要原因之一,是政府经办的主要是应急计划。固然总常有一些意想不到的需要,要求有一种迅速的短期计划,但低收入国家要求的那些基本技能和知识最好由可靠的长期教育和研究计划来提供。少量短期培训出来的能修理卡车或检修各种机械的技工、少量会驾驶拖拉机、记账或管理榨油过程的人满足不了这些基本要求。应该提到的是,波多黎各在为自己发展许多低收入国家所要求的各种学校方面做得很好。在这方面,有哪个低收入国家的政府技术援助能与波多黎各相比呢?的确很少。

[①] 肯尼思·霍兰(Kenneth Holland):《他是谁?》,载《美国政治与社会科学院年刊》,第335期(1961年5月),第10—11页,表1与表2。

[②] 威廉·J.普拉特(William J.Platt):《论教育的战略》(斯坦福研究所,加利福尼亚,1961年),表1。当然,在某些美国高等学院,外国学生的比例也与欧洲一样大,这是正确的。

各级教育的分配。无论是提供经济援助的国家,还是许多低收入国家的领导者都有一种顽固的偏见,即反对扩大并改善中小学教育的计划。大多数技术援助计划都集中在公共卫生、农业、工程、工业生产力、公共和企业管理以及某些商业学校与在职培训上。给学生助学金使其能到国外学习的也多属于这些专门领域。忽视中小学教育是非常目光短浅的。从长远的观点来看,在应该进行人力资本投资时,真正能盈利的也许正是这些总被忽视的领域。

错定了教育外国学生的方针。[①] 对这方面的错误谈得很多,但纠正这种错误所作的努力远远没有达到目的。例如,当低收入国家的学生来到美国学习时,他们往往获得适用于美国经济的技能和知识,而不是得到适用于自己回国后所面临的环境的技能和知识。农学院的教育与任何一个专门领域一样有力地支持这种主张。大部分农业教育是对一般原理讲得少,而对学校所在的州或地区的农业特征讲得详细。在国外传教的机构了解许多学院教育的这种缺点,要求由它们资助的学生从一个学校转到另一个学校来解决这一问题;但结果更糟,因为转来转去什么也学不会。学院可能而且应该改进其教育,因为在这样做时,它对美国学生也会有更大的价值。所以,得出的结论是,尽可能快让低收入国家学生在本国受到这种教育。

向物的投资与向人的投资之间的联系。这种联系的逻辑基础

---

① 在这方面曾对政府赠予地制度的农学院进行了全面的批评性评论,参看阿瑟·T. 莫舍:《讨论:美国政府赠予地大学的国际机会》,载《农业经济学杂志》(论文集),第 43 卷,第 5 期(1961 年 12 月),第 1064—1067 页。

是资源最优配置的概念,这种概念不仅适用于各种资本品的投资,而且更重要的是适用于资本品与人的能力之间的投资。从形式上讲,这一概念提供了一个投资标准,以便向人和物的投资既不会过分,也不会不足。但是,有许多重要的偏重,就很难达到最优化。

向人力资本投资

尽管存在着某些农业技术,引进它会比在低收入国家生产更为廉价,但国内生产的技术总是现代农业生产所需要获得的各种能力的主要源泉。为了获得这些能力,就必须向农民投资。

但是,这些投资遇到了重重障碍,因此,毫不奇怪,投资的量总小于最优投资量。对于实现农业现代化所要求的新技术,对于以现代生产要素为基础的耕作是一种高度熟练的职业,仍然缺乏认识。从许多穷国认为体力劳动,其中包括农业劳动,是低贱的这一意义上说,某些障碍基本是文化方面的。于是,认为任何一个愿意从事体力劳动并有健康体魄的人都能从事耕作的观点,很容易被接受。所需要的哪一种农业技能的供给都被认为是充分的。在这样的文化背景下,人们就认为,对农民的教育作用甚小,充其量只是有助于改善关于文化程度的国民统计,也许会增加农民的消费,而一个穷国是承担不起这种消费的。教育和其他向农民的投资一般包括政府和私人支出,而这方面的政府支出往往被其他与此相矛盾的公益事项所挤掉,这也是确实的。

政治障碍。有两个主要政治因素是所观察到的向农民投资不足的原因,而其中一个因素造成了向这种形式的人力资本的严重负投资。这些政治因素是：1）在大地主政治上拥有强大权力的地方，他们将维持现状以顽固地保障既得利益；2）在把对工业的投资作为穷国实现经济增长的基本途径的地方，农业技能和知识被忽略了；3）在意识形态上要求消灭土地和其他（物质）生产资料的私有制的地方，农民变成了严格意义上的农业工人，他们的经营技能也就失去了。

　　大地主的政治影响在全世界显然正在缩小。其原因部分是政治的，而部分是经济的。民主的发展倾向于个人收入分配的均等化，而且倾向于政治上有利于小农。在经济方面，有两种基本发展。无论所有制的形式如何，一个增长的经济中农业部门的相对缩小减少了农民的影响。但是，更重要的是非常大的农场和不在所有制是生产畜产品方面一种效率较低的安排，而随着经济增长带来的收入增加，畜产品成为农业中很大而且正在日益扩大的部分。

　　但与此同时，某些穷国仍由政治上有影响的地主掌权。可以预见，这个集团必定反对和拖延对广大农民进行教育的政府支出。在他们看来，这种教育不仅无用，而且还有害。它可能成为削弱他们政治地位的一种干扰。谁知道由于卑贱的学校教员的日常工作在政治上会发生什么事情呢？

　　再来考虑一个广为流行的成见，即把经济增长完全与工业化等同起来。在政府通过计划和发展计划致力于提高经济增长率的许多穷国里，这些看法形成了经济政策。典型的情况是我们所看到的下列顺序。开始是对工业工厂和设备投资。但是很快就清楚了，现代工业要求具有现代技能的工人和管理者。于是便纠正对这种技术投资的忽视倾向。与此同时存在着一种轻率的推断,即认为农业生产将通过提供部分工业化所需要的资本,通过向扩大中的工业提供部分工人,特别是认为可以不提高农产品价格,通过生产足够的追加食物和其他农产品以满足日益增长的需求,来支持工业化过程。但是,后来痛苦地发现,实现农业现代化也是必需的。同样的循环又重复了,即要制定出提供农业机械、灌溉设施和更多肥料的计划。然而,没有制定出向农民投资的计划,因此农民没有获得有效地使用现代农业要素所必需的技能和知识。

在那些在意识形态上专横地宣称国家是地主而农民必须是严格意义上的农业工人的国家,可以看到下列顺序。一旦这种国家完全获得了政权,它就开始基本上消灭对农田、农业机械和其他物质生产资料的私有权。在实现这一目标中,不仅是不在的私人地主和雇用一些劳动力的居住农民,就连那些使用自己及其家庭成员劳动的、居住的、独立的农民(有时也说是农民或耕种者)也失去了其对农业生产资料的所有权。在采取这个步骤时,主要是由于打掉了运用技能的经济刺激,许多农业技能丧失了。在极端的情况下,确实杀掉了大量农民,其中许多人是最熟练的农业劳动者。这样,在农业技术中就出现了严重的负投资。还没有证明,在这种状况和缺乏经济刺激的条件下,国家作为地主发挥作用能够采取并有效地使用现代农业生产要素。在前一章我们已考察了这种失败的经济基础。

给向农民的投资所设置的这三种政治障碍的确是严重的。虽然一般说来大地主的政治影响正在减少,但在某些穷国里,这种影响仍然是根深蒂固的。认为在实现迅速的经济增长中只有工业投资最重要的顽固观点,正逐渐被关于增长源泉的更加全面的观点所修改和代替。在国家不仅是地主而且还掌握了所有其他(物质)农业生产要素的地方,还没有什么迹象表明,可以很快获得现代农业生产所需要的技术和知识。

　　向农民投资的类别。虽然为了便于解释,我集中谈了学校教育的投资,但也还有一些活动具有人力投资的特性。在这方面以下的分类是有用的。① 1)对于正在从事耕作而不能上正规学校的成年人来说,农闲期间的短期训练班、传授新耕作法和家庭技术的示范,以及不定期地对农民进行教育的会议,都能起到重要的作用。某些(新)农业要素的供给者发现,在某些情况下从事这些活动是有利可图的。经验已经表明,在这种成人教育中,农民学校、社区计划和特别的农业推广站可能是成功的。在农民有文化的地方,出版物和报纸一般就成为对农民进行继续教育的主要工具。无线电广播已为许多贫苦农民服务,但是,除了少数高收入国家,电视仍然是昂贵的。2)在职培训②和学徒制在工业中是非常有用的,但并不适用于穷国的农业。3)在向农民的投资中,正式建立初等、中等和高等学校是基本的。基本成本比一般所认识到的高,因为一般没有看到学生在上学时所放弃的收入。教育的收益不能马上或在不久的将来获得。要在许多年里才能偿还教育的费用。这是一种扩展到更遥远的未来的长期投资。因此,农民预期寿命是

---

　　①　这种分类是本书作者在《向人力资本投资》一文中提出来的分类的扩大,载《美国经济评论》,第 51 期(1961 年 3 月)。

　　②　雅各布·明歇尔(Jacob Mincer):《在职培训:成本、收益与某些含义》,载《政治经济学杂志》,增刊第 70 期(1962 年 10 月)。

决定这类投资收益率的一个重要变量。下面还要进一步考察教育的成本和收益。4）保健设施和服务，①广义地来讲包括所有影响农民的寿命、力量和精力、活力的支出都应属于主要投资的类别。正如刚才论述教育时指出的，其他条件相等时，收益率取决于预期的寿命。能使人的生产性生命增加五年、十年或更多年的保健水平的提高都大幅度地增加了其他任何一项人力资本投资的收益率。5）使一个人从所从事的一项工作转到（迁移到）一项更好的工作的成本可以作为对作出这种转移的人的一种投资。② 由于这种原因而促成的农业内部的移动有时是重要的。美国开发的早期某些农民曾离开新英格兰各州到西部去。许多农民从巴西东北部迁移到南部。最近苏联对"新土地"地区的开发是另一个例子。但是，一般说来，与农业相关的移民的成本和收益在农业人口和农业劳动正在减少的高收入国家最为重要。

教育的经济价值。教育的成本，教育的收益，以及教育是经济增长的源泉正日益受到经济学家们的注意。因为作者在《教育的经济价值》③中所作的考察是众所周知的，所以这一部分将限于论述与农民教育相关的特殊问题。

初等教育是最有利的。当孩子们仍然非常小不能做什么有用的农活时，初等教育每年只需要最低的教育成本。因此，只有直接

---

① 塞尔玛·J. 莫斯肯（Selma J.Mushkin）：《作为一种投资的保健》，载《政治经济学杂志》，增刊第 70 期（1962 年 10 月）。

② 拉里·A. 斯加思塔（Larry A.Sjaastad）：《人力迁移的成本与收益》，载《政治经济学杂志》，增刊第 70 期（1962 年 10 月）。

③ 西奥多·W. 舒尔茨：《教育的经济价值》（纽约，哥伦比亚大学出版社，1963年）。

成本,即支付给教员的工资、经费的利息、校舍的折旧和维修以及买书和其他日常用品的开支。对六岁到十岁的孩子来说,上学很少会失去收入。而掌握一些有用的文化也就需要五年左右。从文化中得到的好处是很多的,而且其中某些好处还会扩散。换言之,这些好处部分由学生及其家庭占有,而部分由其他人占有。在降低成本和提高经济的生产率中,文化有重要的价值。

以前所进行的讨论清楚地说明,在可以利用出版物时,生产并向农民分发有关新技能以及与之相关的经济信息的成本会大大下降。当农民有文化时,农业杂志和报纸一般就成为重要的信息工具。农业推广站也可以利用公报、小册子和印刷物等教育品,这些东西在许多方面比完全以口述来与农民聚会要便宜得多。

一方面,从文化中得到的好处是很多的,另一方面,前五年的教育中还有其他经济价值。其中之一,即伯顿·A. 魏斯布罗德(Burton A. Weisbrod)所强调的,是一个受过五年教育的孩子才会有选择继续受教育的自由。① 在向教育追加的投资具有较高的收益率的意义上说,更多的教育的价值是大的。比如说,没有受完小学教育的学生就没有资格进入中学,因而他就不能得到与中学教育相关的收益。当某些农民,一般来说是青年人,离开农业去从事非农业工作时,还能从学到的有用知识中得到其他好处。这里好处还有两种,即由于青年农民有更好的条件并能得到更高的收入而归他本人的好处,以及由其他人占有的好处。正如魏斯布罗德

---

① 伯顿·A. 魏斯布罗德:《教育与人力资本投资》,载《政治经济学杂志》,增刊第70期(1962年10月)。

所说明的,在生产中雇主和其他与青年农民一同工作的工人成为"与受益者相关的就业者",而在满足消费者偏好中,他的邻居成为"与受益者相关的居住者"。①

在一个通过工农业现代化而实现了增长的经济中,具有实际文化的经济价值是高的,但文化绝不是一切。初等教育能够而且应该作出更多的贡献,但无论如何它还取决于所教的内容。在许多贫穷社会里所教的内容远远不能适应于一个想通过使经济现代化来增加实际收入的社会。还存在着一些严重的文化障碍。流行的文化价值观一般不仅排斥现代文化中的科学和技术部分,而且贬低教育学生的内容中的这个重要组成部分。如果农民要有效地使用现代农业生产要素,他们就应该比许多从事非农业工作的工人获得更多的从科学中得出的技能和知识。在学校管理如此分散,以至于有当地社会插手决定课程的地方,农民孩子的双亲对所教的内容有职业性影响。这种分散管理方法有许多优点,但一个缺点就是过分强调了直接有用的或狭窄的职业内容。这些当时所学的多数内容,随着该社会的农业采取并使用更现代化的农业要素,将变得完全过时。

向农民孩子投资的收益率如何呢?除了始终完全依靠传统农业要素的社会,以及拒绝利用经济刺激和机会去实现农业现代化的社会,初等教育的收益大概是很高的。除了某些例外,尽管教育的内容有缺点而且人民的寿命较短,收益率仍然是高的。而且,当

---

① 伯顿·A.魏斯布罗德:《教育与人力资本投资》,载《政治经济学杂志》,增刊第70期(1962年10月)。

穷国实际上开始农业现代化的过程时,农民所受的教育水平低下很快就成为农业增长率的限制性因素。①

现在所得到的这类材料都支持初等教育是一种非常有利的投资这一暂时的判断。即使所考虑的只是归于获得教育的那些人的好处,看来收益率也大大超过了对物质资本投资的收益率。卡尔·S.肖普(Carl S.Shoup)及其助手估计,根据无文化的农业工人与受过六年教育的农业工人的收入差别来看,委内瑞拉初等教育(从一年级到六年级)增加的收益是每年130%。②一般来说,对教育收益率的估算是初等教育大大高于中等和高等教育,虽然后两类教育的收益率也超过了一般投资的收益率。③在美国国内,南部的收益率,特别是南部初等教育的收益率大于北部。在南部对改善和增加初等教育量追加10%的投资大概可产生30%的收益率。④格里利切斯和迈克·吉赛尔(Micha Gisser)的研究说明,农民所受的教育是解释农业生产的一个重要变量,而且按成本和收益来看,这是一项非常有利的投资。⑤

---

① S. 霍瓦特(S. Horvat):《最优投资率》,载《经济学杂志》,第68期(1958年12月),第747—767页。在他的公式中,"教育和知识"这一变量成为穷国增长率的一个限制性因素。

② 卡尔·S. 肖普编:《委内瑞拉的财政体制》(巴尔的摩,约翰·霍普金斯出版社,1959年),第15章。10%的收益率用于进入这种初等教育的六年中的累积性的成本。

③ 西奥多·W. 舒尔茨:《教育的经济价值》,第3部分。

④ 西奥多·W. 舒尔茨:《教育与经济目标》,载《经济研究所》(佐治亚大学,波士顿,佐治亚州),第22期(1962年6月);由北卡罗来纳州立学院,农业政策研究所出版。参看伯顿·A. 魏斯布罗德的一篇文章中对南方的类似估算。这篇文章还提交给了阿色维尔大会,并收入北卡罗来纳州立学院的出版物中。

⑤ 这些研究是在芝加哥大学进行的。迈克·吉赛尔的研究包括在其博士论文中。这些研究成果还没有发表。

第十二章 向农民投资

总而言之,一个受传统农业束缚的人,无论土地多么肥沃,也不能生产出许多食物。节约和勤劳工作并不足以克服这种类型农业的落后性。为了生产丰富的农产品,要求农民获得并具有使用有关土壤、植物、动物和机械的科学知识的技能和知识。即使农民得到了知识,如果是命令农民去增加生产也必然要失败。需要采用向农民提供刺激和奖励的方法。使得这种改造成为可能的知识是一种资本的形式,这种资本需要投资——不仅对体现了部分知识的物质投入品投资,而且重要的是向农民投资。

图书在版编目(CIP)数据

改造传统农业/(美)西奥多·W.舒尔茨著;梁小民译.—北京:商务印书馆,2021
(诺贝尔经济学奖得主著作译丛)
ISBN 978-7-100-19459-4

Ⅰ.①改… Ⅱ.①西…②梁… Ⅲ.①发展中国家—农业经济—研究 Ⅳ.①F312.1

中国版本图书馆 CIP 数据核字(2021)第 034898 号

权利保留,侵权必究。

诺贝尔经济学奖得主著作译丛
改造传统农业
〔美〕西奥多·W.舒尔茨 著
梁小民 译

商 务 印 书 馆 出 版
(北京王府井大街36号 邮政编码100710)
商 务 印 书 馆 发 行
北京通州皇家印刷厂印刷
ISBN 978-7-100-19459-4

2021年3月第1版 开本 880×1230 1/32
2021年3月北京第1次印刷 印张 6

定价:58.00 元